FOISSAC-LATOUR

DÉVOILÉ,

OU

NOTICE

SUR LA

CONDUITE DE CET EX-GÉNÉRAL

Dans le Conseil de défense et l'administration militaire de la place de
Mantoue.

Ille dolis instructus......
Eneid. Liv. II.

A GÊNES

AN IX. RÉPUBLICAIN.

Cet ouvrage était à moitié imprimé lorsque quelques amis à qui j'ai lu ma réponse au pamphlet de Foissac-Latour m'ont engagé de la placer avant les OBSERVATIONS, quoique mon avertissement annonce le contraire. J'ai suivi cet avis, parce qu'indépendamment de ce que ma réponse offre vers la fin une analyse des OBSERVATIONS sur la conduite publique de cet ex-général à Mantoue, elle le montre encore peint au naturel : ce qui peut intéresser ceux qui le connaissent personellement et suffire même aux lecteurs qui ne se soucieraient pas de se jeter dans le détail des faits administratifs et militaires que j'ai mis à la suite.

AVERTISSEMENT IMPORTANT.

La publication actuelle de mes observations pourroit paroître inutile dans les circonstances, d'après la lettre du premier Consul au Ministre de la guerre, au sujet de l'ex-général Foissac-Latour, si je ne donnois les motifs qui viennent tout à coup de me déterminer à faire imprimer cet écrit.

Il y a environ un an, que je traçai ces observations, dès que je mis le pied sur le territoire français au sortir de Mantoue. Je me vis d'abord obligé de rendre compte à l'Ordonnateur en chef de l'armée d'Italie, à laquelle j'étois employé, de ce qui s'étoit passé en fait d'administration militaire dans cette place, où j'avois rempli les fonctions d'ordonnateur. Ce devoir devint ensuite pour moi plus impérieux par l'ordre formel que me donna le général en chef Championnet lors de son passage à Grenoble, où je m'étois arrêté sur ma parole d'honneur, de faire ce rapport à mon chef. Il m'enjoignit principalement de laisser, avant de me rendre au quartier-général de l'armée d'Italie, une déposition signée de moi pour le conseil de guerre qui devoit se former à Grenoble relativement à l'affaire de la reddition de Mantoue.

J'ai rempli cette double obligation sans ostentation, ni passion, puisque je ne voulus jamais céder durant une année aux sollicitations de beaucoup de personnes, notamment des officiers et employés de la garnison de Mantoue qui desiroient vivement que je fisse imprimer cet écrit. Il suffisait que je fusse au cas de déposer dans cette affaire, pour que je repugnasse à me donner l'air d'être en quelque sorte l'accusateur public, par la voye de l'impression, de l'homme contre lequel je devais temoigner en justice. Foissac-Latour étant ensuite rentré en France, où il a trouvé sa condamnation portée par l'opinion publique et un brevet d'infamie provoqué par le cri général de cette opinion, c'était une raison de plus, pour moi de me taire par égard pour le malheur, quoique merité, de foissac - Latour et parceque j'avais dû regarder l'affaire de Mantoue comme entièrement finie, ainsi que son ex-Commandant en chef, comme absolument enterré dans son deshonneur. Il eut été déplacé et même lâche d'attaquer un cadavre, pour me servir de l'expression de Foissac-Latour, qui attribue par maniere de figure cette action intentionelle à ceux qui ont écrit ou parlé contre lui durant son absence en Allemagne. Mais puisque cet ex-militaire prétend survivre à sa réputation perdue, et qu'au lieu de chercher son dernier réfuge dans le silence et dans l'oubli, il donne encore signe malfaisant de vie en exhalant son fiel dans des diatribes continuelles contre des hommes respectables de la garnison de Mantoue qui n'ont pas voulu s'associer à sa honte, à l'instar de ces animaux enragés, qui quoique blessés à mort, cherchent à mordre de tous côtés; puisque je me trouve personnellement nommé et injurié dans une nouvelle satyre de sa trempe, il m'importe de répondre. Je ne puis mieux m'en acquitter qu'en commençant par signaler sa conduite à Mantoue telle que je la consignai dans mon rapport envoyé à mes chefs, dont le fonds est le même que celui de ma déposition. J'en suis fâché, pour le citoyen Gastine, chef d'état major à Mantoue, s'il se trouve affiché aujourd'hui en public par mon rapport. Mais voulant faire paroître cet ouvrage tel que je le produisis dans le principe, je n'ai rien dû y retrancher pour les personnes ni pour les choses. J'y ay seulement inseré aujourd'hui quelques notes additionnelles.

L'on trouvera à la suite des observations une réponse à la brochure de Foissac-Latour contre moi. Au reste ce n'est pas pour lui que je la fais, parceque l'individu qui a perdu l'honneur a perdu l'existence sociale, et ne mérite pas plus qu'on lui réponde directement, qu'il mérite foi dans ses déclamations injurieuses contre les autres. L'homme flétri n'est pas même comme la vipère qui souille tout ce qu'elle touche : chez lui l'effet est inverse, en ce qu'il honore celui qu'il attaque, sur-tout quand il le fait sans preuves. Mais j'ai cru me devoir à moi-même, devoir à la satisfaction de tous mes camarades qui m'estiment, et à l'instruction des personnes qui ne me connoissent pas, de refuter les imputations atrocement ou ridiculement calomnieuses de Foissac-Latour contre moi. Son pamphlet ne m'est pas encore tombé sous la main ; je n'en connois que les traits principaux qui m'ont été rapportés. Si quelque chose peut désennuyer le lecteur de ce que je dis dans cette seconde partie du prétendu portrait moral défiguré qu'il a fait de moi, c'est d'y avoir buriné le sien en saisissant la ressemblance ; et certainement le caractère de cet homme n'est pas indifférent à connoître. c'est un phénomène d'immoralité qui manque aux caractères de La Bruyère, ou *plutôt à la satyre de Gilbert sur les vices du 18.me siècle.*

Le gouvernement a justement manifesté son vœu de ne plus entendre parler de l'affaire de la reddition de Mantoue, parce qu'elle a été une tache à la gloire militaire française ; mais j'espère que les Gouvernans ne me sauront pas mauvais gré d'avoir fait à présent imprimer mon rapport, parce qu'il doit être légitimement permis à l'homme calomnié de manifester toute l'indignité de la conduite du calomniateur. D'ailleurs Foissac-Latour fatigue depuis assez long-tems la presse et le public par ses mémoires qui ne persuadent personne, sans qu'il ait paru encore aucun écrit contraire sur ce sujet. Eh bien ! je vais me charger de cette tâche, non point en le suivant dans le dédale de ses nombreux imprimés, non existans en France à l'époque où j'écrivis mes observations, parceque la partie militare de la défense des places, n'est nullement de mon ressort, mais en présentant une série de faits majeurs contre lui qui sont à la connoissance des hommes de la garnison de Mantoue et à la portée de tous les lecteurs. J'aurai ainsi l'avantage de fixer l'opinion publique qui a pu jusqu'à présent ne juger l'homme que sur des apperçus et des ouï-dire, en montrant à cette opinion, qui est le juge suppléant des tribunaux pour les crimes voilés par les formes, des faits articulés, signés du fonction-naire public qui a été témoin oculaire et auriculaire de ce qui s'est passé de plus important dans le Conseil de défense et dans l'administration militaire de cette première place forte de l'Italie.

OBSERVATIONS

*Du Commissaire des guerres LECLERC,
sur la conduite du Général FOISSAC-
LATOUR, ayant commandé à Mantoue,
et du Général Gastine, chef d'état-
major dans cette place.*

———

Ayant été employé Commissaire des guerres, faisant
fonctions d'ordonnateur à Mantoue, nommé ensuite secrétaire du Conseil de défense (1) par le général FOISSAC-

———

(1) Il établit ce Conseil par son ordre du jour du 6
floréal an 7 ; portant que les membres nommés *n'auront
que voix consultative et qu'il n'appartient qu'à lui seul
de résoudre et d'ordonner* : mon ministère consistoit dans
ce Conseil où j'avais été réduit au rôle passif d'un simple
scribe, à transcrire sur un registre les verbaux des séances
précédentes, minutés de la main du Général. Ce ne fut que
dans les deux dernières séances des 9 et 10 Thermidor sur
l'objet de la reddition de la place, que le Général jugea à
propos de se dispenser et de me charger de cette importante
rédaction, dont je tachai de m'acquitter séance tenante,
ayant ensuite rédigé lui-même, d'après ma demande,
l'article relatif aux fortifications de Pradella, dont le fond
et la forme n'étoient pas de ma compétence.

LATOUR, commandant dans cette place, cette double qualité m'a fourni tous les moyens de faire des observations sur sa conduite administrative et militaire, ainsi que sur celle de l'adjudant-général Gastine, son chef d'état-major. Je commencerai par donner un apperçu de ce qui se passoit, dans les séances du Conseil de défense, dont le Général a emporté le régistre en Allemagne, après avoir signé les deux derniers verbaux rélatifs à la reddition de Mantoue. Je dirai ensuite ce qui s'est passé en fait d'administration militaire dans cette place.

1.º Considérant d'abord les deux généraux Foissac-Latour et Gastine comme membres du Conseil de défense, j'observe que le Général en chef étoit tout dans ce Conseil, qu'il présidoit et dominoit, et le chef d'état-major absolument rien, tant par sa nullité personnelle que par sa déférence sans réserve aux idées du Général avec lequel il marchoit en tout parfaitement de concert. Je dois cette justice aux autres membres du Conseil qu'ils ne m'ont pas paru conniver avec le Président Quelques-uns d'entr'eux étoient ses admirateurs de bonne foi. Parmi les autres, certains osoient quelquefois lui faire des objections en plein Conseil, qui ne prospéroient jamais contre ses sophismes ou ses menaces. Car lorsque l'opposition étoit un peu trop longue, il menaçoit tout uniment l'opposant de le destituer. C'est ainsi qu'il traita une fois le chef d'artillerie Borthon qui refusait de signer le verbal d'une séance, dans lequel cet officier respectable, qui a voté ensuite contre la capitulation, se trouvoit fortement chapitré. (2)

---

(2) Cette séance, dans laquelle le génie adroit et tirannique de Foissac-Latour, se déploya dans tout son jour, ne sortira jamais de ma mémoire. Le chef de brigade Borthon, le général Monnet, le C.^{en} Pagès, commandant

Il occupoit presqu'entièrement ce Conseil de son administration militaire, de ses réglemens multipliés

---

la marine et le C.^en Balleydier, chef de la 29.e, membres du Conseil de défense, s'étoient coalisés depuis quelque tems pour former un parti d'opposition dans le Conseil, contre les vues oppressives du Général, qui voulant tout faire à sa tête dans Mantoue, vouloit aussi faire approuver par son Conseil tout ce qu'il entreprenoit, afin de déverser par ce moyen une partie de la responsabilité sur tous ses membres. Quelques-uns d'entr' eux s'étonnoient, se récrioient de ce qu'ils étoient appellés au Conseil pour consacrer par leurs signatures les plans d'administration, de finances et ventes que proposoit le Général. Je leur suggérai, n'ayant pas moi-même droit de parler dans ce Conseil, de demander que les membres signataires des verbaux des séances ne fussent liés, pour le passé comme pour l'avenir, que relativement aux objets militaires ou même administratifs qui seroient formellement mis en délibération, en énonçant les noms des votans contre la délibération. Le citoyen Borthon entama la question ; c'étoit aussi entamer le Général du côté sensible. Celui-ci raisonna beaucoup, parla trois heures de suite avec son astuce ordinaire, fit jouer tous les ressorts du sophisme et même du ridicule contre Borthon qui ne pouvoit pas lutter avec son léger begayement contre la loquacité du Général. Comme il s'obstinoit néanmoins à ne pas signer, *eh bien?* lui dit le Général, *si vous ne signez pas, je vous déclare qu'en vertu du droit de ma place, et à cause de l'infraction que vous faites à votre devoir, je vous destituerai.* Le citoyen Borthon déjà harassé d'une longue séance de contradiction et de persiflage entièrement dirigée contre lui, étonné sur-tout de cette menace inattendue de destitution, prononcée dans toutes les formes théâtrales, prit le parti de signer. Le motif qu'il nous en donna fut de n'avoir pas voulu encourir cette destitution provisoire,

à l'infini pour prévenir, disoit-il, les dilapidations éven-
tuelles des gardes-magasins, de ses plans et opérations
de finances, de sa fabrication de monnoyes, qui, de
l'aveu du Directeur nommé par lui dans cette partie,
lui rendoit plus de 3000 livres de Milan, chaque jour
par la fonte des cloches, des canons et de l'argenterie
des églises. (3) Il faisait part au Conseil de ses diverses impositions sur les boutiques, caffés, échopes, et
sur tous les marchands de la Ville, sur le debit desquels
il avoit établi une perception de 20 pour 100 payable
chaque décade, après avoir fixé un *maximum* de la
même quantité en leur faveur, en sus du prix réel de leurs
marchandises. Il nous entretenoit de ses prises de fonds
au Mont de Piété, qu'il n'a jamais énumérées au Conseil, mais que l'on sait avoir rendu de très-grosses
sommes, ayant fait retirer presque tous les gages en
ordonnant l'acquittement des intérêts arriérés en faveur
des créanciers qui viendroient reprendre leurs effets. Ce
fut sur la fin du blocus qu'il annonça et fit approuver au
Conseil ses ventes de denrées des magazins de siége, quoique faites la plupart sans la formalité des enchères. (4) Il

---

pour ne pas voir placer à la téte de l'arme importante
de l'artillerie quelqu'homme trop dévoné à Foisssc-Latour:
motif de sa part auquel on doit croire, en connoissant
sa franchise républicaine. J'ai cru devoir rapporter cette
anecdote pour donner une idée de la manière dont le
Général dominoit dans ce Conseil.

(3) L'on fabriquoit a Mantoue, chaque jour huit mille
pièces de monnoie blanche de cinq sous pièce, faisant
deux mille livres de Milan, et cent sequins de sous de
cloche formant quinze cent livres. Je tiens ce fait du
citoyen, nommé par Foissac-Latour directeur de ses
monnoies.

(4) Il vendoit les bœufs et moutons à raison de 26 s.

déclaroit , il est vrai , que toutes ces opérations administratives et financières avoient pour objet de payer la
troupe du tiers seulement de sa solde (n'ayant eu , disoit-
il , que cent mille francs en caisse au commencement
du blocus) ainsi que les administrations civiles qui
étoient restées bloquées dans Mantoue. (5) Il présen-
toit au Conseil les états de situation des caisses du
payeur et du siège, MAIS JAMAIS L'ETAT DE SA CAISSE
PARTICULIERE *qu'il devoit avoir* , disoit-il, *pour la dignité
de sa place et* par laquelle il alimentoit les deux autres. Son
beau frère Mathis, nommé par lui Inspecteur-Général
et exclusif des bestiaux de siège avoit aussi une caisse
particulière pour cette administration dans la maison du
Général , ou il recevoit le montant des suifs , peaux ,
cuirs , graisse , laitage des vaches , et de la vente de
plusieurs centaines de moutons et de bœufs. (6)
L'Adjudant-Général Gastine avoit aussi sa caisse par-

---

la livre , les grains à un prix relatif aux besoins impérieux qui se faisoient sentir dans la place vers la fin du
blocus.

(5) J'ai néanmoins entendu les Généraux autrichiens
à Mantoue, ou j'ai demeuré huit jours après le départ de
la garnison , se plaindre fortement de ce que le Général qui
avoit levé une si forte masse d'impositions sur la ville ,
n'ayant pas même ménagé l'académie , à laquelle il avoit
enlevé quantité de médailles d'or , n'avoit point payé
les administrations Mantouanes.

(6) Je dois , par respect pour la vérité , déclarer que
j'ai ouï dire à plusieurs personnes que le citoyen Mathis
est un honnête homme qui n'a nullement travaillé pour
lui en tout cela , mais pour le général dont il étoit l'ins-
trument , le caissier et la dupe. L'opinion est que Foissac-Latour a joué son beau-frère comme tant d'autres.

ticulière pour une foule d'objets, notamment pour le loyer des chevaux et voitures qu'il louait aux habitans pour le transport en ville de leurs denrées du côté de Saint Georges. Il avoit confié à un vaguemestre la gestion du service des transports militaires, qui avoit été entièrement soustrait à la police du Commissaire des guerres.

Après avoir entretenu longuement le Conseil, dans chaque séance, de son administration Magasinière et Financière, sur-tout de sa constante mauvaise humeur contre l'administration militaire française, qu'il cherchoit à soulager plus efficacement de tems à autre, en levant des tributs sur la bourse de tels gardes-magasins qu'on lui signalait pour avoir été pécunieux avant le blocus, après tout cela, dis-je, le Général touchoit un mot dans le Conseil de la partie militaire. Il faisoit valoir une sortie et une escarmouche opérées durant l'espace d'environ quatre mois, et il proposoit de ne plus faire de sorties à cause, disoit-il, de la faiblesse de la garnison. Il convenoit néanmoins dans d'autres circonstances que l'ennemi devoit être très-foible à l'entour de Mantoue, parce que le Général Kray l'avoit invité dans une lettre de ne plus faire de sorties, disant qu'elles ne décidoient rien pour le sort de cette place, et n'opéroient que l'effusion inutile du sang humain ; et encore parceque l'ennemi nous laissoit librement couper du bois hors de Saint Georges, jusqu'a une certaine distance marquée par des limites. Il parloit quelquefois des fortifications qu'il pratiquoit à ce poste, déja fort par lui même, qu'il a abandonné ensuite, sans brûler une amorce, par la raison toujours alléguée de sa part, de la faiblesse de la garnison. Mais il ne parloit pas de renforcer par des ouvrages le poste de Pradella, qu'il savoit bien être le *défaut de la cuirasse* de la place (7) et auquel

---

(7) Il a poussé plus loin l'insouciance à l'égard du

tout le monde disoit dans Mantoue , qu'il auroit du appliquer durant le blocus au moins 300 travailleurs en les prenant sur les 1200 , qu'il employoit à fortifier St. Georges. Lui et Gastine ont mieux aimé employer ces 300 travailleurs à la destruction des maisons à l'entour de l'hôpital pour y pratiquer une promenade. Ce travail se faisoit même à l'hospice , quand l'ennemi formait sa tranchée.

La veille de la sortie du 19 floréal (8) on fit filer les soldats vers St. Georges , le sac sur le dos , après leur avoir fait publiquement distribuer des cartouches , sans se méfier des intelligences pratiquées par les habitans de la ville avec l'ennemi , par le moyen des signaux. Je tiens le fait de cette distribution des cartouches de la bouche de l'adjudant de place Escalonne et l'existence des signaux tout le tems du

---

poste de Pradella où il ne s'est jamais montré même durant les quatre jours du siége , suivant ce que m'ont assuré plusieurs militaires de la garnison , notamment le chef de brigade Balleydier commandant à ce poste. Il dit ne l'avoir vu paraître à ce front d'attaque qu'une seule fois durant l'armistice de la capitulation.

(8) Il n'était pas heureux dans la détermination de ses jours de sortie , celle du 19 floréal ayant été faite précisément le jour que la troupe autrichienne qui avait bloqué Peschiera était venue renforcer l'armée bloquant Mantoue , mouvement de l'ennemi qu'il aurait pu savoir par ses espions. Depuis lors il ne fit plus de sorties , tandis que Kray avoit porté la majeure partie de ses forces contre Macdonald du côté de Plaisance. Le général Sopht , commandant autrichien à Mantoue , et le comte Orlandini , colonel du génie et officier parlementaire de la même nation , m'ont dit , que si lors de cette affaire , qui dura

blocus m'a été attestée par les autrichiens auprès desquels j'étois resté a Mantoue d'après la capitulation pour la remise des magasins. Foissac-Latour en a eu si bien connaissance lui-même, d'après les rapports fréquens des officiers aux postes, qu'il donna ordre au commandant de la place de prendre toutes les clefs des tours de la ville où les habitans pratiquaient leurs signaux. Ce qui leur donna la facilité de s'entendre par signaux avec l'ennemi, c'est que Foissac-Latour fit sortir 600 personnes de Mantoue entre le 14 et le 20 juillet, disant qu'elles étoient suspectes, et n'avoient pas fait leurs provisions de bouche pour le siège. Il est à remarquer que l'ennemi travailloit à sa tranchée depuis le 11 juillet.

---

trois jours, et qui étoit très signalée à Mantoue par le bruit de la canonade dans le lointain, que nous y avons tous fort bien entendu, Foissac-Latour avait fait une sortie, il auroit été droit à Vérone sans la moindre résistance, et qu'il devoit ou pouvoit savoir ce qui se passoit dehors relativement aux forces de l'ennemi à l'entour de Mantoue par le moyen de l'espionage.

Note additionnelle.

Les officiers autrichiens convenaient à ce sujet que les Français n'auraient pas pu tenir Vérone, et que ce mouvement de leur part ne pouvait être qu'une incursion, pour se procurer des secours en denrées et en argent. Mais selon eux ce fut une grande faute de la part du général Foissac-Latour de n'avoir pas fait à cette époque une sortie par les portes de *Cerese* et *Pradella* pour aller occuper *Borgo-forte* qui est à huit milles de Mantoue sur le Pô, afin d'y attendre le passage du général Macdonald qui dans sa retraite de la Trebia aurait bien pu jeter quelques mille hommes en cotoyant le Pô sur Borgo-forte pour renforcer d'autant la garnison de Mantoue.

(15)

Dans une des séances du conseil qui précédèrent celle sur la reddition de la place, il dit qu'il avait envoyé son chef d'Etat-major Gastine au général Kray pour lui proposer un armistice de 24 heures afin de pouvoir fêter le 14 juillet tranquillement dans Mantoue. Il ordonna en conséquence à l'artillerie de ne point tirer ce jour-là à boulet, mais seulement à poudre pour les *salve*. L'ennemi opéra si bien par le moyen de ses ouvriers pendant cette fête, que le lendemain matin l'on vit les communications pratiquées pour la première parallèle. Ce travail de l'ennemi dans la journée du 14 juillet est un fait qui m'a été confirmé par les autrichiens. Il est d'ailleurs consigné dans le rapport officiel du général Kray sur la prise du Mantoue, qui déclare avoir employé trois mille paysans à ce travail, non compris les soldats, durant cette journée. (9)

C'est encore de la bouche des officiers autrichiens que j'ai appris que l'article de la capitulation portant que le général, son état-major et les officiers de la garnison seraient prisonniers de guerre durant trois

---

(9) Les autrichiens, raisonnant là-dessus, observoient que Foissac-Latour pouvoit fêter le 14 juillet sans armistice, en continuant de défendre la place, laissant les postes toujours garnis, et appellant avec quelques compagnies choisies par bataillon ou par demi-brigade quelques chefs de corps pour faire la parade de la fête, qui ne fut qu'un rassemblement d'une heure sur la place d'armes pour y entendre la lecture de son discours en commémoration du 14 juillet. Il aurait pu ensuite donner son repas de fête et ses *toasts* aux personnes qu'il aurait voulu y admettre, sans préjudicier dans ce moment au service. Voilà ce que toute la garnison disoit ce jour-là.

mois en Allemagne , étoit un point qui avoit été concerté par le général Foissac - Latour avec le général autrichien avant qu'il en fit publiquement la proposition en plein Conseil , sous le prétexte de racheter la liberté des soldats par le sacrifice de celle des officiers. Les autrichiens m'observèrent à l'appui de cette assertion , que ce qui prouvait d'ailleurs que le général Kray ne tenait pas beaucoup à ce que nos officiers fussent conduits en Allemagne , c'est la facilité avec laquelle , il accorda à Mantoue et à Veronne des permissions à environ cent trente parmi eux de retourner en France sur parole jusqu'à leur échange : c'est ce qu'avait obtenu le général Monnet envoyé auprès de lui auparavant en parlementaire. (10)

Note additionnelle.

(10) Pourquoi les autrichiens n'ont-ils pas accordé la même permission aux braves Borthon , Monnet et autres qui ont été obligés d'aller en Allemagne , tandis que tant d'autres officiers ont pu jouir du doux avantage de revoir leur patrie? Est-ce Kray ou Foissac-Latour qui a fait ce choix et cette séparation des élus et des réprouvés ? quel intérét pouvaient avoir les autrichiens de garder Borthon ? et au contraire quel intérét ne devait pas mettre Foissac-Latour à l'empècher de rentrer en France, comme a lui paraliser la langue , s'il eut été possible ? Certains faits ultérieurs expliquent les précédens. Si Foissac-Latour eut dans la suite à Leoben l'art de travestir aux yeux des autrichiens une féte civique donnée par les officiers de Mantoue au sujet de l'arrivée du général Bonaparte en France, en une orgie séditieuse contre le gouvernement impérial ; s'il représenta leurs plaintes sur la non exécution de la capitulation , relativement à leur détention illicite après l'expiration des trois mois de leur captivité, comme des cris insurrectionels , dangereux pour la tranquillité de l'Allemagne ; et s'il vint a bout par ses instigations et

Dans la séance du 9 thermidor, le Général rendit compte que des mines qui devaient sauter soit pour la destruction d'une partie des assiégeans, soit pour opérer une coupure, à l'effet de submerger par l'innondation du Mincio, le terrein avancé de Pradella, n'avaient pas eu l'effet qu'on en attendait. J'ai néanmoins ouï dire dans la séance du 10, que durant la journée et la nuit du 9, la coupure, par les travaux des pontoniers et par la force impulsive des eaux du lac, qu'on avait attirées en fermant toutes les écluses, avait pris une tournure beaucoup plus favorable pour la défense ultérieure de la place ; et que c'était d'autant plus le cas alors de continuer cette défense, que la capitulation devait être regardée comme rompue dans la journée du 10, l'ennemi n'ayant pas accepté le 1.er article sur la reddition de la garnison, à notre armée

---

ses intrigues, de faire envoyer deux officiers Français en Hongrie pour y rester jusqu'à la paix générale, trois en prison au château de Gratz et 120 à Guttembourg, à la tête desquels on n'avait pas manqué de placer les malheureux Borthon et Monnet qualifiés mauvais sujets dans l'ordre Allemand ; si, dis-je, Foissac-Latour a eu assez de malveillance et de credit, suivant ce que m'ont appris quelques officiers Français nouvellement rentrés en France, pour opérer ce grand œuvre d'iniquité, il n'est pas surprenant qu'il ait voulu et pu faire adopter ce même triage dans le principe, en présentant aux généraux autrichiens les officiers qu'il avait l'intention de traîner avec lui en Allemagne, pour les empêcher du moins durant quelque tems de faire entendre leur voix à la France, et ceux que l'on pouvait renvoyer, parce qu'il osait apparemment ne pas les craindre. Mais tous les hommes de la garnison de Mantoue, en rentrant en France sur la fin de l'an 7 poussèrent un cri unanime d'indignation contre lui qui frappa l'opinion publique,

active. Sur les deux heures après midi du même jour, 10 thermidor, le Général étant venù voir à Pradella l'effet de la coupure, il la trouva si considérable et si propre à défendre la place sur ce point, qu'il ne put s'empêcher d'en convenir devant les assistans, et de dire avec un ton apparent de franchise et de regrêt, *Que s'il avait prévu dans la séance du matin que la coupure pût devenir dans cet état, il n'aurait pas avancé les propositions qu'il avait faites au général Kray.* C'est l'adjudant Escalone qui lui a entendu tenir ce propos qu'il m'a répété. (11) Je sais des autrichiens que si après leur entrée dans la place, ils ne s'étaient pas occupés sans relâche, durant trois jours, à la fermeture des écluses, le terrein aurait été innondé jusqu'à deux milles à l'entour de Mantoue.

L'on disait dans cette séance du 10, que toutes les déductions faites par le Général, des officiers, sous officiers, musiciens, tambours, sapeurs, mineurs, etc., sur l'effectif de la garnison, qu'il n'évaluait en combattans à bayonnettes qu'à 3661 hommes (dont selon lui, 261 seulement pour défendre Pradella) que toutes ces déductions, dis-je, n'étaient pas proposables. La raison qu'on en donnait était que quand il s'agit de repousser l'ennemi, l'on fournit à tous les hommes des grades

______

(11) Ce brave officier a rendu, notamment une nuit, le plus grand service à la place, par une générale qu'il prit sur lui de faire battre, très-à-propos, pour repousser une attaque à l'improviste de l'ennemi. Foissac-Latour vouloit à cette occasion le destituer, disant qu'il n'y avoit que lui ou le commandant de la place qui eussent droit de faire battre la générale. Ce commandant ainsi que les citoyens Borthon et Monnet observèrent au général que dans un moment de péril l'adjudant represente le commandant et peut faire à sa place ce que la circonstance exige.

indiqués ci-dessus, des bayonnettes ou même des piques semblables à celles que Foissac-Latour avait auparavant affecté de faire inutilement confectionner, ainsi que certains chars de guerre renouvellés des grecs. L'on observoit qu'en plaçant les officiers en avant Foissac-Latour n'auroit fait qu'adhèrer à la bonne volonté de ces braves militaires qui lui avoient envoyé une deputation de quelques-uns d'entr'eux pour lui déclarer qu'ils aimaient mieux périr en défendant la place, que d'être conduits prisonniers en Allemagne.

Le général Monnet disoit que l'on pouvoit employer les préposés de l'administration militaire pour le service intérieur de la place, en diminution des soldats que Foissac-Latour, suivant son compte au Conseil, plaçait pour cet objet dans ce poste, et que ces derniers auraient de la sorte grossi le nombre des hommes pour la défense de Pradella. Un officier dans le Conseil s'étonnoit qu'on ne comptât que 261 hommes pour la defense de Pradella, qui étoit le front d'attaque, et qu'on en tint 800 à la Citadelle, où la brèche n'étoit pas faite, et l'approche de l'ennemi nullement encore praticable. On ajoutoit que le camp de Migliaretto, par l'effet de l'inondation, devant être imprenable, il y fallait aussi une bien moindre garnison.

L'on disait dans cette même séance, en parlant de la Citadelle, que le Général aurait pu s'y retirer après le refus du premier article de la capitulation concernant le retour de la garnison à l'armée active Française.

Certains membres du Conseil se plaignaient en ma présence, durant les entr'actes de cette même séance, de ce que le général Foissac-Latour laissait toute la journée le dernier parlementaire autrichien Orlandini vaquer librement dans la ville pour voir tout et parler à qui il voulait ; l'on remrquoit qu'auparavant M. Zag, chef de l'état-major du général Kray, était venu trois fois dans la place en parlementaire, s'enchambrant toute la journée avec le Général, sans que celui-ci fit jamais assembler le Conseil de défense pour l'entendre, ou du moins sans qu'il fit admettre à l'audience un ou deux officiers généraux du Conseil, pour sauver les apparences et écarter tout soupçon, se contentant quelquefois de nous lire en petit comité, au sortir de table, sa correspondance très-complimenteuse avec le général Kray. Enfin l'on ajoutait que le parlementaire Orlandini était entré dans la ville par le lac supérieur, dans un bateau, sans avoir les yeux bandés, ce qui lui permettait de voir et de compter que cinq de nos barques canonnières avaient coulé bas, et que c'était un moyen d'opposition qui nous manquait contre le débarquement de l'ennemi.

Je ne suis au reste entré dans quelques détails relatifs à la défense de la place, qu'à cause de ma présence dans le Conseil de défense, où j'entendais parler les membres, soit publiquement soit dans leurs colloques particuliers, où certains d'entr'eux voulaient bien quelquefois m'admettre. J'avoue que la partie militaire n'étant pas de mon ressort, je n'en aurais rien dit, si ma qualité de secrétaire du Conseil ne m'avait donné la faculté et imposé l'obligation d'en parler. (*Voyez le supplément à la suite de ces* Observations.)

2.º Après avoir examiné la conduite du général Foissac-Latour en sa qualité de président du Conseil de défense, si on le considère comme administrateur ainsi que le général Gastine, on trouve qu'ils ne se sont montrés rien moins que les amis des militaires et qu'ils se sont manifestés évidemment pour être les ennemis des employés.

Quant aux militaires, on peut dire que ces deux Généraux ont compromis leur existence par rapport aux subsistances, d'une manière qui a failli être désastreuse. Les moulins de la place à Mantoue, bâtis sur les eaux du lac ne vont plus dans le tems de la grande crue des eaux, et l'on a toujours obvié à cet événe-

ment annuel , par un approvisionnement de réserve
en farine. Je prévins là-dessus les deux Généraux à
l'avance comme il en conste par plusieurs de mes
lettres dans mon régistre de correspondance , leur
demandant de permettre la livraison des grains nécessaires aux meuniers pour faire moudre. On n'y eut
aucun égard. La crue survint. A défaut de pain on
donna aux soldats le biscuit qui existoit heureusement
dans les approvisionnemens de siège , et qu'on réduisit
ensuite à huit, puis à quatre onces la ration avec
des légumes secs , pour pouvoir atteindre l'époque de
la diminution des eaux, dont l'élévation dura environ un
mois et demi. Ainsi les troupes ont été nourries presque
tout ce tems-là sans pain , au milieu de magazins ,
contenant environ cinquante mille quinteaux de bled.
Ce mauvais aliment joint à la viande salée qui se dis-
tribuoit , savoir , deux jours de viande salée , sur un
jour de viande fraiche , à l'aide d'un parc composé
d'environ 1800 boeufs au commencement du blocus;
joint encore aux fatigues excessives imposées à la troupe
pour les travaux de St.-Georges , évacué ensuite , et
pour les manoeuvres maritimes entreprises sur le prétexte de l'apparition des radeaux ennemis que le Commandant de la marine m'a déclaré n'avoir jamais vus :
tout cela a augmenté très-considérablement le nombre
de nos malades.

Dans le tems que la troupe étoit ainsi réduite au biscuit, le Général voulut faire vendre tout celui qui existoit
dans les magazins de la citadelle , comme étant avarié. La
garnison de ce poste , qui savoit qu'il ne l'était pas ,
du moins en totalité , fit des réclamations contre cet
ordre de vente. Les soldats disoient hautement que si
le Général , par sa manie effrénée de vendre , s'obstinoit à se défaire de ce biscuit , ils demandoient
de l'acheter eux-mêmes de préférence sur leur prêt ,
plutôt que de se voir exposés à manquer bientôt
de biscuit comme de pain. Ces propos firent une telle

sensation dans Mantoue, que le Général ajourna son projet de vente, et le chef de l'état-major m'écrivit de faire expertiser la denrée pour qu'on fit le triage du biscuit qui serait reconnu bon dans la quantité.

Le Général vendoit en tout genre le bon comme le mauvais : c'est-à-dire qu'il affectoit de vendre de vieilles futailles et des objets vraiment avariés aux enchères parce qu'il n'auroit pas pu en tirer parti autrement ; mais les bonnes denrées en eau-de-vie, vin, viande, bled, etc., il en traitoit particulièrement avec les acheteurs, sous prétexte que dans les ventes par enchères, la coalition des juifs occasionnait des rabais de prix, tandis que les juifs n'y étaient pas LES SEULS ENCHERISSEURS. (12) Comme je m'expliquais un jour avec le Général sur cette violation des formes de l'enchère, si nécessaires dans la vente des objets nationaux, il se détermina à en parler vers la fin du blocus au Conseil, pour lui faire signer comme à l'ordinaire un verbal approbatif de cette opération. Toutes mes réclamations légales sur ce sujet ainsi que sur l'usurpation faite aux attributions du Commissaire des guerres, en lui ôtant la surveillance administrative du parc des bestiaux, confié au beau-frère du général Foissac-Latour, de celui des transports militaires, dévolu à un Vaguemestre à la main du chef de l'état-major, et de l'hôpital entièrement livré à un Capitaine qui en avoit la police et la gestion ; toutes mes réclamations dis-je, ne m'ont conduit qu'à obtenir du Général, pour ma décharge, un extrait signé de lui du verbal du Conseil, auquel il avoit fait approuver les mesures administratives ci-dessus.

---

(12) Il présenta un jour la montre au Conseil de défense d'un vin détestable pour être vendu ; et celui qu'il mit en vente ensuite, étoit fort bon, si j'en juge par la dégustation que je fis de l'échantillon et du vin prétendu identique qu'il vendit après.

D'autre part, le général Gastine, chef de l'état-major,
qui paraissoit beaucoup s'occuper de l'hôpital (13) a

---

(13) Il s'en occupoit pour le faire balayer, et jamais
le blanchir à l'eau de chaux qui en auroit détruit les
miasmes putrides, pour y venir tous les jours voir des
peintures qu'il faisait faire dans une cour, sans paraître
dans les salles des malades, et sans goûter jamais leurs
alimens. Il a cependant, je m'en rappelle, paru une
fois dans les salles avec le Général en chef qui vint y
faire la largesse d'un petit écu de Milan, aux soldats
blessés dans la sortie du 19 floréal, sans rien donner à
300 blessés dans les affaires des 5 e 16 germinal, paraissant ainsi vouloir se faire des créatures parmi les soldats
de la garnison, sans se piquer d'être juste envers les
autres.
Le bureau du chef d'état-major Gastine était rempli
de tuyaux d'orgues des églises qu'il destinoit à la vente,
et de poterie d'étain dont il faisoit faire des gobelets
pour l'hôpital : son génie en etoit resté là. Mais si l'on
pénétrait dans sa chambre, ce n'etait plus sur le fer-blanc
ou l'étain que l'œil se reposoit, mais sur des tables
couvertes de l'or et de l'argent qu'on y comptoit souvent,
et qui étaient produits par un millier de petites affaires
qu'il faisait, tandis que Foissac-Latour qui travaillait
en grand, se réservait aussi pour les grandes affaires.
Du moins si Gastine s'était contenté de faire *tranquillement* les siennes !...... mais sa position politique dans
Mantoue, lui avait tellement tourné le caractère comme
la tête qu'il était devenu un homme inabordable, se
cabrant contre toutes les demandes, se ruant contre toutes les observations, et se mettant à dos, soldats, officiers, employes et habitans. Pas un individu de la
garnison qui ne se plaignît de Gastine, pas une femme
française qui ne redoutât son aspect, parcequ'il voulait
les voir venir chacune d'elles chez lui avant de leur

quelquefois mis les malades au cas de mourir de faim par ses lenteurs, ses refus parcimonieux de faire délivrer, soit des subsistances à l'hôpital, malgré nos instances reïtérées de l'économe et de moi, soit des voitures pour les y transporter, parce qu'il aimoit mieux apparemment les faire louer aux habitans par son vaguemestre : car il ne se délivrait ni denrées, ni effets à l'hôpital, ni une paire de souliers à un soldat de la garnison, ni en un mot quoique ce soit des magazins de siège, sans le permis du chef de l'état-major, qui recevoit les comptabilités en matière, mettait son visa ultérieur aux bordereaux, aux feuilles de prêt, aux revues individuelles, ordonnançoit ainsi que le Général les divers payemens, qu'ils effectuoient en quelque sorte eux-mêmes, puisque leurs caisses particulières versoient ce qu'ils vouloient dans les caisses publiques. Ils faisoient ainsi à Mantoue les fonctions de commissaires des guerres, d'ordonnateurs, de payeurs, d'inspecteurs, d'agents en chef des hôpitaux et des subsistances, de directeurs généraux des transports et des monnoies, indépendamment de ce que le général Foissac-Latour, prétendoit faire fonctions de *législateur* dans ses ordres de jour, de *gouvernant* dans l'exécution de ses propres lois, et de souverain dans son palais, où il se faisoit garder par les gardes du corps du roi de Sardaigne.

Le général Gastine qui a concouru plus que personne par le rétrécissement de ses vues lésineuses

---

accorder la ration, qu'il n'adjugeait pas sur le vû seul de leurs titres, mais de leurs personnes. Aussi Foissac-Latour qui gagnait à la comparaison, avec Gastine, n'ayant pas les formes brutales et *acrimonieuses* de ce dernier, avoit soin de le mettre toujours en avant pour l'exécution de ses ordres.

d'un côté, mais intéressées de l'autre, à empirer le sort des malades, se faisoit néammoins proclamer par des gens à gages le *restaurateur* de l'hôpital et vouloit se consacrer ce beau nom sur un obélisque dressé dans cet hospice, de même qu'une autre colonne devoit être élevée en l'honneur du général Foissac-Latour, au milieu de la place *Argine*. C'est à l'entour de l'hôpital et de cette place que les deux Généraux faisaient abbattre les maisons sous le prétexte de l'agrandir et de l'embellir, mais pour en vendre les briques, les boiseries, les fers et autres matériaux, dont le montant étoit versé dans la caisse du chef de l'état-major. C'est ainsi qu'ils traitoient Mantoue, comme étant leus domaine propre, attentant de toutes les manières à la propriété des habitans, sans les indemniser, ni leur donner d'autre motif de consolation que l'avantage de ne pas se voir ruinés complettement par la création des billets de siège, dont on avoit bien voulu les affranchir. Ils ne payoient néammoins jamais que le tiers de la solde à la troupe, tout en recevant l'argent à pleines mains, et en livrant la veille de leur départ de Mantoue les magazins à des ventes nocturnes et clandestines en vertu seulement de leurs ordres verbaux, colorés toujours du motif de faire de l'argent pour la troupe, et au pillage qui devint la suite nécessaire de cette confusion et de ce désordre. Cette dilapidation n'a pas empêché qu'on n'ait laissé aux autrichiens dans Mantoue une énorme quantité de vivres. (14)

---

(14) Le dernier état de situation qui me fut remis fut celui de la dernière décade de messidor. Celui de la première décade de thermidor ne m'a pas été communiqué par l'inspecteur-général Monmony, qui s'en excusa sur le retard apporté par les gardes-magazins à lui fournir leurs

3.º Les deux généraux Foissac-Latour et Gastine se sont principalement montrés les ennemis des employés,

---

états particuliers d'après lesquels il faisait son relevé général. L'état de la seconde décade de messidor qui me reste entre les mains portait des quantités très - conséquentes en bled, (dont environ 5o mille quintaux) en mays , avoine, fourrages, viande salee, vin et eau-de-vie sur-tout, dont il y avoit pour deux ou trois ans. Le seul article qui n'était guère en proportion des autres approvisionnemens était le bois : mais il y en aurait eu pour plusieurs mois encore. D'ailleurs le Général qui abbattait les maisons dans Mantoue pour agrandir des places et vendre des matériaux, aurait pu en cas de besoin extrême continuer ce demolissement pour fournir du bois à la troupe , en indemnisant toutes fois les propriétaires. Il y avait encore , lors de la reddition beaucoup d'effets et de médicamens d'hôpitaux , plusieurs centaines de bœufs &c. Les pillages de quelques denrées n'ayant eu lieu que durant la nuit qui précéda la reddition dela place, la grande difficulté des transports pour transmarcher les denrées des magazins dans les maisons particulières, où plusieurs habitans d'ailleurs craignaient de les recevoir à cause des futures visites domiciliaires de la part des autrichiens , a fait que cette dilapidation a été peu conséquente , si j'en juge d'après l'inspection que je fis ensuite des magasins avec le commissaire des guerres autrichien.

Ce ne fut pas moi qui fis la remise *inventoriée* des denrées et effets aux autrichiens. Ce fut un ci-devant ordonnateur Cisalpin , nommé Gazz. , qui me fut adjoint par le général Foissac-Latour , et qui capta tellement la confiance du commissaire autrichien, dont il avait d'ailleurs l'avantage de parler la langue , qu'il lui suggéra de se passer entièrement de moi pour l'objet de

dans l'administration militaire française à Mantoue, avec un acharnement, qui je crois, n'a jamais eu d'exemple. Les ordres du Général en chef sont pleins de traits satiriques qui décèlent évidemment la passion qui l'animoit contre eux. Il ne parloit jamais d'eux dans sa société privée qu'avec haîne et mépris et il affectoit sans cesse d'en parler de la sorte. Il n'y a pas jusqu'à son discours prononcé le 14 juillet qui ne leur fut injurieux par la comparaison inattendue qu'il y fit des fournisseurs et employés aux cosaques. Aussi les employés ont il traîné dans Mantoue l'existence la plus déplorable. Ils ne parvenoient à être payés, d'après mes vives instances, du tiers de leur traitement qu'environ deux mois après la troupe. Sur la plus légère, la plus futile dénonciation, ils étoient déstitués, incarcérés, traduits devant le Conseil de guerre, QUI A TOUJOURS EU LA JUSTICE DE LES ACQUITTER. Ce qui avoit fait prendre le parti au Général, de les soumettre à des condamnations pécuniaires, sans jugement préalable du Conseil de guerre. (15) Il y a

---

la remise des magazins, et de n'avoir à faire qu'à lui séul. J'ai rendu un compte exact et détaillé de tout cela à mon ordonnateur en chef, ainsi que de la conduite de cet ordonnateur cisalpin. On vient de lui rendre justice à Milan en le destituant.

(15) Cela est arrivé aux gardes-magazins, Bal., Pio., Christ. et Cam. Le général fut obligé, il est vrai, d'après mes observations, de revenir sur ses pas relativement à la condamnation pécuniaire qu'il avait portée contre les deux premiers. Le tribunal acquitta le citoyen Christ. sur l'accusation de dol que lui avoit intentée le général relativement à une quantité d'eau-de-vie que ce garde-magazin prétendoit lui appartenir, et que Foissac-Latour lui confisqua après.

plus, il n'avoit pas honte de vouloir influencer même officiellement ce conseil de guerre, en écrivant au Capitaine rapporteur, dans l'affaire de l'employé Christ., auquel il en vouloit mortellement. *Je veux un exemple terrible et sur-tout j'exige de la célérite.* Ces mots existent écrits et paraphés de sa main dans une note en marge d'une lettre à lui écrite, par le rapporteur (16) qui lui marquoit qu'il ne voyait pas lieu a procédurer dans cette affaire. Le Général s'opiniâtra à la faire poursuivre malgré les justes observations du général Monnet, qui lui représenta en plein Conseil qu'il devoit laisser à la justice toute son indépendance.

Enfin le Général avoit poussé son animosité contre cette classe d'hommes, appellés employés, garde-magazins, dont on ne peut pas se passer dans les armées, qu'il faut réprimer et punir, mais non vexer arbi-

---

Quand à *Cam.* il fut condamné à payar une somme de 7,500 liv. ; ce qui l'affecta si fort , à cause de la tache qui lui était imprimée par cette condamnation de la part du Général , qu'il se tira un coup de pistolet qui lui entama la téte sans le tuer. Il paya ensuite 6000 livres : comme il restait devoir encore 1500 livres , le Général s'en rappella le matin de l'évacuation de Mantoue ; et c'est dans ce moment fatal et important, au milieu des grands intérets qui devaient l'occuper ainsi que la garnison , qu'il ne dedaigna pas de faire écrire officiellement à Cam. , que si dans une demi heure il ne payait pas ce qu'il restait devoir , il le ferait conduire en France enchaîné. Est-ce donc la haîne contre un employé, ou la cupidité qui le faisait alors s'abaisser ainsi à ce vil et mince objet d'intérêt pecuniaire ?

(16) C'est le citoyen Allard , défenseur officieux de l'employé Christ. qui a vu la lettre et la note que je viens de citer.

trairement, au point qu'il avoit ordonné dans l'un de ses ordres du jour qu'il en seroit formé *une colonne de sortie* qui devoit être commandée par un chef de bataillon. Il se proposait et il l'avoit annoncé au Conseil, de remplacer ces hommes pour le service manutentionnaire et distributif *par de bons et simples militaires qui seraient étrangers à toutes sortes de dilapidations*. Il n'avoit pas voulu déférer aux observations du général Monnet, officier aussi judicieux que brave, (17) qui proposoit d'attacher plutôt les employés inutiles au service militaire dans l'intérieur de la place, auquel ils auroient été plus propres qu'aux sorties qu'on vouloit leur faire faire, en avant même des grenadiers suivant le dire du chef qui devoit les commander. Cette étrange disposition qui n'étoit nullement nécessitée par le besoin d'attaquer ou de se défendre alors dans la place, faisoit dire publiquement à Mantoue, que le Général, (qui d'ailleurs avoit quelquefois manifesté assez mal - adroitement son appréhension sur les plaintes futures des administrateurs militaires contre lui) n'avoit imaginé de faire cette colonne de sortie d'employés, que pour se débarrasser par ce moyen machiavélique des dénonciations en même tems que des dénonciateurs.

---

(17) Le général Monnet s'est montré tout le tems du siège avec autant de franchise et de désintéressement que de bravoure. Nous avons gémi et frémi plusieurs fois ensemble dans Mantoue de la conduite oppressive du général Foissac-Latour, contre lequel le premier s'étoit souvent montré l'opposant en plein Conseil et ailleurs. Le cœur de Monnet a paru à tous ceux qui l'ont connu aussi pur qu'un beau jour. J'aime a rendre aux vertus civiques, sociales et militaires de ce général cet hommage véridique qui ne sera démenti par aucun des hommes de la garnison de Mantoue.

S'il n'étoit pas dirigé par ce motif, trop profondément atroce, pour qu'on doive légèrement y ajouter foi, il est toujours vrai de dire qu'il se conduisoit dans la pluspart de ses actions par un principe de despotisme que non seulement il ne se donnoit pas la peine de cacher, mais dont il osoit même faire parade. Je lui ai ouï-dire souvent et devant plusieurs personnes, *que le Commandant d'une place en état de siège avoit le droit d'y être despote, qu'il pouvoit et vouloit l'être à Mantoue, qu'il exerçait une Dictature, et qu'il feroit fusiller ceux qui ne fléchiroient pas sous son autorité.* (18) Aussi tout plioit-il sous son pouvoir d'autant plus absolu que la ville étant bloquée ne laissoit point d'issue à nos reclamations et à nos plaintes. Il affectait néanmoins

---

(18) C'est en conséquence de ce systéme de pouvoir absolu qu'il condamna à un mois de détention à Saint-Georges le garde-magazin Mour., qui dans un journal intitulé, *le Journaliste bloqué*, dont il était le rédacteur, citait un dialogue qu'il avait eu, dit-il, avec un *Monsieur*, au sujet des ouvriers de son magazin, que ce *Monsieur* conseillait de renvoyer sans les payer. Le chef de l'état-major crut se reconnaître à ce portrait et à cette histoire. Mour. eut beau protester que le général Gastine n'était pas entré dans son idée et que le mot de *Monsieur* s'appliquait à beaucoup de gens sans désigner personne, Foissac-Latour le tint un mois à St.-Georges. Mais ce qu'il y a de plus remarquable, c'est qu'il soutint un jour à table devant moi et d'autres personnes qu'il aurait eu le droit de faire fusiller cet homme, sans jugement préalable, parcequ'en *Monsieurisant* le général Gastine, auquel il donnait par-là un vernis d'aristocratie, il attentait au respect dû à la seconde autorité militaire à Mantoue : ce qui dans une place en état de siège est le plus grand de tous les crimes, et mérite la mort de plein droit, sans aucune forme de procès.

quelquefois de mitiger par une douceur apparente
là dureté de la plupart de ses mesures , dont il laissoit encourir souvent l'odieux au général Gastine ,
qui en étoit l'exécuteur aveugle et passionné , tandis que le général Foissac-Latour avait l'art de se donner
le mérite du retour sur ses pas ou de l'indulgence ,
se réservant le privilège, ci-devant royal, de faire grace ,
sous peine néammoins contre ceux qui, comme moi ,
osoient quelquefois éclairer de vive voix ou par écrit
les vices de son administration , d'encourir sa tacite
haîne.

Il est vrai que j'ai une fois applaudi , en lui écrivant le 15 prairial , à la bonté d'un de ses réglemens
administratifs qui m'avoit paru propre à prévenir les
dilapidations. Mais quand on voyoit qu'il joignoit à ses
réglemens des injures continuelles et des vexations
inouïes contre les employés, tout le monde les plai-
gnoit. La conduite de Foissac-Latour , à leur égard ,
qui auroit pu dans d'autres circonstances et avec d'autres militaires compromettre peut-être l'existence de
ces employés , leur attiroit au contraire la compassion
des officiers et des soldats de la garnison , en même
tems qu'elle faisoit dire que les deux Généraux ne
molestoient tant ces malheureux en les accusant sans
cesse de rapine *que parce qu'ils les regardoient comme
leurs concurrens en ce genre.* Je ne suis en ceci que
l'historien des propos qui se tenaient sans cesse à
Mantoue à ce sujet , et je ne les répète que parce que
l'assentiment universel qui les faisoit tenir m'a paru
avoir un caractère trop remarquable pour être passé
sous silence.

Telles sont mes observations. Elles renferment la
vérité. Je les ai faites sans passion , malgré qu'en ma
qualité de chef de l'administration militaire à Mantoue
j'aie été le premier et principal objet de l'animosité
des généraux Latour et Gastine , manifestée dans leur

correspondance, leurs propos, leurs ordres du jour; malgré qu'ils ayent voulu me forcer à donner ma démission par le dégoût, résultant de l'excès du travail qu'ils m'imposoient, par la crainte de la destitution dont j'étois souvent menacé dans ces mêmes ordres du jour, en cas du moindre retard que je misse à l'exécution de leurs interminables mesures administratives, qu'ils vouloient voir exécuter de ma part avec la célérité des manœuvres militaires. J'ai taché d'écarter de mon souvenir en écrivant ces observations, l'idée de tout ce qu'il y a eu de personnel et de vexatoire contre moi dans la conduite de ces deux Généraux. Je n'ai rappellé que les principaux traits de leur conduite; et je laisse les détails à narrer aux hommes de la garnison de Mantoue qui sauront au besoin confirmer et augmenter même ce que j'ai écrit sommairement dans ce rapport.

A Grenoble le 1.er jour Complémentaire de l'an 7 de la République Française.

Signé LECLERC.

SUPPLEMENT.

Voyez *la page* 14. Il y est question de signaux pratiqués par les habitans de Mantoue avec l'ennemi. J'ajoute a ce que j'en ai dit, qu'un adjudant Corse de la place ayant découvert dans ses rondes de nuit des personnes qui faisoient ces signaux, et en ayant parlé à Foissac-Latour pour savoir s'il fallait les arrêter, celui-ci lui répondit, *que cela n'était par néces-*

saire. L'adjudant en a parlé à un capitaine d'artillerie officier judicieux et très-méritant, employé actuellement à l'armée d'Italie, que je pourrai citer au besoin et qui ne me démentira pas, suivant sa parole.

Voyez *la page* 17. Il s'agit de mines pratiquées pour opérer une coupure à l'effet d'inonder le terrein avancé de Pradella. Je tiens encore de la part de ce même officier qu'il n'y a jamais eu de brèche proprement dite à ce front d'attaque; que le pont-levis était à la vérité tombé par l'effet du canon ennemi, mais que si l'on avait fait quelque ouvrage en avant ou même en arrière de la porte et surtout si l'on eut laissé continuer l'inondation qui formait déjà un torrent rapide, entraînant les terres dans la matinée du dix, l'approche de l'ennemi auroit été absolument impraticable et il n'y avait aucun assaut à craindre.

Voyez *la page* 18. Sur le calcul de l'effectif de la garnison presenté par Foissac-Latour au Conseil de défense, où l'on ne trouve selon lui que 3665 hommes à bayonnete. Je ne sais point comment Foissac-Latour a fait son compte, mais voici celui de l'officier cité ci-dessus et de moi, qui ai rejoint la garnison de Mantoue avant son passage au mont Cenis. Il est sorti dix mille hommes au moins de Mantoue en trois colonnes, dont la première était de plus de trois mille hommes, composée du 7e. regiment de dragons, de la 29e. legère, d'un bataillon de la 57e. demi brigade, d'un autre de la 26e. legère, de toute l'artillerie, des sapeurs, pontoniers etc. La 2e. composée de la 35e. demi brigade et de deux bataillons de paix était de plus de 2 mille hommes. La 3e. colonne, avait plus de 5 mille hommes. Elle était composée de la légion polonaise forte de 3 mille hommes, de la legion Cisalpine ayant 1800 hommes et de l'Helvétique de 500 hommes. Il faut y ajouter plusieurs compagnies d'artillerie Polonaise et Cisalpine. Il est d'après cela extraordinaire de supposer qu'il n'y ait eu que

3661 bayonnetes ; et encore plus de dire qu'il n'y avait que 261 fusiliers disponibles pour le front d'attaque. Il n'y a d'ailleurs, même en passant ce calcul-là à Foissac-Latour qu'à se reporter aux OBSERVATIONS, page 18, ou l'on démontre le vice de l'emplacement qu'il donne à la garnison durant le siège, pour voir qu'il ne gagnera rien même à son compte.

Voyez *la page* . . . où je me justifie d'avoir traité de la partie militaire à cause de ma présence dans le Conseil de défense en ma qualité de secrétaire du Conseil où j'ai pu conséquemment tout voir et tout entendre. Je dois dire, si l'on trouve que mon rapport à cet égard incrimine Foissac-Latour, que je n'ay eu nullement l'idée en parlant de la défense de la place d'inculper en rien les officiers du génie, non plus que le citoyen Maubert, commandant cet arme à Mantoue, officier très-estimable par ses qualités morales, bon Républicain, homme probe et qui nous a paru à tous doué des meilleures intentions dans son service. Mais ayant été malade et alité de la fièvre Mantouane, durant le temps du siège, il n'a pu malheureusement voir les choses par lui-même à cette époque majeure et fatale ; il a fallu qu'il s'en tint aux rapports d'autrui et qu'il laissat nécessairement son chef Foissac-Latour mener la barque que celui-ci a ensuite fait lestement chavirer. Comme c'est sous ses ordres et sous sa direction malveillante et *cachée* que le brave Maubert servait de bonne foi, cette observation seule l'a justifié aux yeux de tout le monde en garantissant sa responsabilité. Foissac-Latour et Maubert sont l'antipode l'un de l'autre à tous égards, sur-tout pour les principes politiques.

Voyez *la page* 3 de l'*avertissement*, où je dis que le libelle de Foissac-Latour ne m'était point tombé dans les mains. Depuis l'ors j'ai reçu ce chef d'œuvre d'impudence calomniatrice, et je vais répondre à tout.

ERRATA.

Dernière ligne de la 34.me *et dernière* page LISEZ , et j'ai répondu à tout.

RÉPONSE

AU PAMPHLET

De l'ex - général FOISSAC-LATOUR.

❖

JE CERTIFIE QUE LE CITOYEN LECLERC , COM-MISSAIRE DES GUERRES , EMPLOYÉ SOUS MES ORDRES A MANTOUE PENDANT LA DURÉE DU BLOCUS ET DU SIÈGE A REMPLI SES FONCTIONS AVEC ZÈLE ET ACTIVITÉ , ET QUE JE N'AI QUE DE BONS TÉMOI-GNAGES A RENDRE DE LUI.

Fait à Mantoue le 11 Thermidor an 7.

Le Général de Division, signé FOISSAC-LATOUR.

Pour copie conforme à l'original :

Le chef de l'État-major de la division de la Ligurie,
Signé CHAUDRON-ROUSSEAU.

~~~

Est-ce bien Foissac-Latour qui après avoir atteint dans l'opinion publique l'immortalité de l'infâmie, prétend diffâmer l'homme honnête qui a été obligé de devoiler sa turpitude? est-ce bien lui qui, après m'avoir rendu justice par le certificat mis en tête de
~~~

cet écrit , a osé ensuite afficher publiquement son imposture à mon égard par un débordement d'invectives ,
par une cataracte de sarcasmes injurieux , amas confus
où la calomnie se noye elle-même ?

Je n'aurai absolument besoin que de deux pièces
pour confondre cet ex-général, pour le refouler dans
la fange dont il voudrait sortir , et faire jaillir sur moi
une éclaboussure.

L'une serait son attestation sur mon compte qui
dément bien formellement tout ce qu'il a pu dire
de contraire. Il paroit que son dessein, en me la
donnant comme un hommage rendu à la vérité, fut
de me fermer la bouche pour l'avenir , quoique je
n'eusse alors aucune vue hostile contre lui, ni l'idée
de ce que je devais être forcé de faire par la suite.
S'il entra dans ma pensée en la recevant de me pré-
cautioner contre sa langue si déliée pour la calomnie,
sa diatribe actuelle indique que ce n'eut point été là
de ma part une précaution inutile. L'on voit aussi que
Foissac-Latour en broyant son noir avec son fiel pour
me peindre de ses atroces couleurs a oublié cet adage
proverbial *qu'un menteur doit avoir bonne mémoire*.

L'autre pièce plus accablante à lui opposer serait
le brévet d'infamie que lui a décerné, d'après l'opinion publique, le premier Consul en le condamnant
à se dépouiller *de l'habit militaire, qu'il deshonorait en
le portant.* Comme c'est la main de la gloire qui a
marqué au front Foissac Latour du sceau de la honte,
l'on doit croire que cette empreinte sera indélèbile,
malgré tous ses efforts pour l'effacer avec la même
encre dont il se sert pour composer son fatras de défense, et malgré son *appel* de forfanterie, *à l'armée,
à la France , à l'Europe , à la postérité et à tous les tribunaux de la terre.* Le premier de tous est sans contredit
celui de l'opinion publique qui l'a irrévocablement jugé.
Cette voix générale et irréfragable s'accordera dans
tous les tems à dire avec son brevet de flétrissure ,

u'il a *lâchement rendu la place de Mantoue*; (1) et de la
part de l'*Achille* Français ,

    Cet oracle est plus sûr que celui de Calchas.

Mais quoique je pusse m'en tenir à ces deux pièces
frappantes , pour prouver évidemment par l'une l'imposture , et par l'autre toute l'indignité de l'homme
qui m'attaque , je veux bien descendre dans l'arêne
pour le combattre corps à corps. *Tout petit et sec* que
je puis être , selon lui , je n'hésite pas plus d'entrer
en lice avec ce sycophante de guerre , que le petit
hebreu David ne craignit de lutter contre le grand
Goliath ; et certainement Foissac-Latour n'est pas un
géant à massue dans les combats polémiques , quoiqu'on
nous annonce un rapport gigantesque de sa façon de
200 pages *in quarto* sur sa merveilleuse conduite militaire
et administrative à Mantoue. Il est vrai qu'il faut lui
laisser le double mérite d'avoir fait un autre livre sur *la
défense des places* et d'avoir si bien défendu la première
place forte d'Italie qu'on lui avait confiée.

Au reste puisque nous sommes en présence l'un de
l'autre , laissant de côté le parallèle de nos forces , je
ne m'arrêterai pas sur le portrait physique , ni sur la
description anatomique qu'il s'est plu à faire de ma
personne dans six pages d'impression pour en conclurre
qu'un individu fabriqué et exténué, comme il prétendque
je le suis , ne doit pas être commissaire des guerres ;
excellente logique qui nous mesure la taille , et nous
tâte le poulx pour savoir si nous sommes capables de
remplir nos fonctions : comme si le commissariat des
guerres était un métier de manœuvre qui dût se faire plutôt
à l'aide des bras et des jambes que de la tête. Il faut
avouer que c'est étrangement se moquer de ses lecteurs ;

---

(1) Expressions du premier Consul dans sa lettre au
ministre de la guerre.

et me faire en même tems plus d'honneur que je ne mérite, de m'avoir traité de la sorte : Car je n'ai connu jusqu'à présent de portraits physiques tracés dans les livres que ceux de quelques hommes les plus remarquables de l'histoire ancienne et moderne par leurs vertus, leurs talens ou leurs forfaits. Je ne sâche pas être encore devenu célèbre sous les deux premiers rapports, ni dans le dernier genre, même d'apres le pamphlet de Foissac-Latour. Peu importe donc au public, que *Michel Leclerc*, selon le pamphletiste, *soit maigre pâle et blond ; qu'il ait une taille de cinq pieds et qu'il porte dans sa charpente l'empreinte de l'épuisement et de la maladie* : de même qu'il importe peu au public que Foissac-Latour présente dans son extérieur *l'embompoint* de l'opulence, le *visage* bouffi de l'arrogance, mélé souvent des teintes livides de la peur alterces encore par la soif de l'or, *le regard en dessous* de la fourberie, le *sourire* de la fausseté, et la *démarche* altière de la suffisance.

Je ne puis cependant lâcher prise sur la carricature que Foissac-Latour a faite de moi sans rappeller ici une plate historiete dont-il a cru enluminer sa brochure, pour établir qu'un Commissaire des guerres qui peut avoir adopté une sorte d'aliment tel que celui dont il me prête le goût, est un fonctionaire débilité, et hors d'état de supporter le fardeau de ses fonctions, dont il devait dès-lors s'emparer. S'il n'avait à cet égard parlé que du lait de vache, dont je me nourrissais quelquefois à Mantoue, je conviendrais avec lui que j'en avais une par moi déclarée au chef de l'état-major, comme non appartenant à l'approvisionement de siége, et non point les deux qu'il suppose pour m'attribuer une petite marcaterie à part de contrebande, ou plutôt je n'aurais rien dit d'une telle niaiserie pour ne pas ennuyer le lecteur : mais Foissac-Latour veut me faire passer pour gourmand d'un autre lait que celui de vache, et voici pourquoi. Je dis un jour a Mantoue dans une société particulière qu'un medecin m'avait jadis conseillé de prendre le lait de femme pour une maladie de nerfs, et que je n'avais pas suivi cette ordonnance médicale. Un officier de l'état-major se trouvant là, prend ce texte à la volée, et va en faire ses *gorges chaudes* à la haute cour de Foissac-Latour. On bâtit là-dessus un édifice de plaisanteries. On annonce à deux aimables dames de cette cour que je les avais mises en réquisition pour me nourrir de leur lait ; et moi de rire d'abord de bon cœur de cette facétie, lorsqu'elles m'en parlèrent à un bal donné par le galant général, précisément dans le tems où l'ennemi, par l'ouverture de sa tranchée, nous préparait une bien autre danse pour les jours suivans. Eh bien, ne voilà-t-il pas que Foissac-Latour, voulant donner à présent à cette fable l'air de la vérité, déclare très-sérieusement que *je fus présenter requète à l'administration Mantouane pour l'engager officiellement à me procurer deux nourrices jeunes et fraiches pour m'allaiter.* Comme cette pointe est fine et mor-dante ; et combien Foissac-Latour doit s'applaudir de l'avoir imaginée ! il comptait faire rire ses lecteurs. Certainement ils ont ri, et de pitié sur son compte. Il a donc cru bonnement pouvoir persuader qu'un Commissaire des guerres, qui ne doit pas sans auto-risation légale faire une réquisition de subsistances pour la troupe, se soit mis en tête, a moins que de l'avoir tout-à-fait vuide de sens, de requérir d'office une Munici-palité pour mettre à son usage deux nourrices. C'est-là une imposture de sa part bien risiblement effrontée, qui doit faire apprécier la valeur de ses autres sarcasmes, et qu'il a imaginée pour me représenter foible d'esto-mac, par conséquent de service *administratif.* Il est vrai que tout le monde n'a par son estomac, qui est plus fort même que celui de l'autruche, la quelle, dit-on, digére le fer, tandis que le sien supporte un métal plus dur, L'OR.

Mettant donc à part mon *physique* pour en venir

plutôt à la défense de mon *moral*, qui est aussi le plus attaqué par cet ex-général, je réunis tous ses traits contre moi dans ces trois points de mire qu'il a eus en vue pour me dénigrer: IMMORALITÉ DE MA CONDUITE PRIVÉE. IMMORALITÉ DE MA CONDUITE A SON ÉGARD. IMMORALITÉ DE MA CONDUITE PUBLIQUE dans l'exercice de mes fonctions.

Quant à l'immoralité privée, qu'il assigne pour cause de mon délabrement corporel, je lui aurais permis de me peindre, *étalant sur mon front une précoce vieillesse*. Mais je ne lui passe pas d'ajouter qu'elle a été produite chez moi par le libertinage et les passions dévorantes. En cela le calomniateur prend beaucoup trop sous son bonnet, perdant de vue que les injures grossières ne démontrent que l'impudence colérique de celui qui injurie. Je ne chercherai donc pas à parer ce coup en l'air, qui ne porte pas plus *que le telum imbelle* lancé contre Pirrhus. Mais en revanche je riposte par un autre trait, prenant mon sujet dans le texte même de Foissac-Latour, où il nous parle *d'une jolie mère de dix-sept ans*, l'une des deux femmes qu'il avait voulu me donner pour nourrice à Mantoue, et dont il nous avoue d'avoir pris soin de bonifier le lait par une nourriture choisie et quotidienne à sa table. A ce sujet il nous en fait un portrait si charmant qu'on le diroit sorti de la main de l'amour, si l'on ne savoit que celle qui l'a tracé est un peu surannée. Il est certain que cette *jeune maman* qu'il dit *avoir nourri de son beurre*, et qui passoit effectivement pour être dans ses intimes bonnes graces, excitoit si peu la jalousie, du papa amateur qu'il conduisoit chez elle son fils cadet âgé de 16 ans, dont la jeune imagination s'étoit enflammée pour ses charmes, au sortir de leurs repas journaliers, où l'aimable personne, par une familiarité non équivoque, donnoit à connoître aux convives les moins clairvoyans qu'elle étoit la Sultane favorite. Adorée par le fils, courtisée *de près* par le père, elle les recevoit tous les deux à la fois. A dieu ne plaise que j'aie l'esprit si mal tourné pour supposer que le *décorum* n'existât pas au milieu de ce *trio* d'amour, parce que je n'ai jamais eu la curiosité pour ces sortes d'avantures, de me placer derrière la tapisserie. Mais où étoit, je le demande, le respect dû à l'opinion publique dans Mantoue et à l'opinion particulière du jeune homme, qui tout jeune qu'il étoit, pouvoit fort bien en avoir une dans cette affaire? où étoit, je le demande, le respect que doit toujours un père à la moralité, à l'éducation de son fils; ce qui a fait dire à Juvénal sur un tel sujet, et dans un semblable cas *maxima debetur puero reverentia*?

Il est extraordinaire que Foissac-Latour, après avoir montré le type de son immoralité par cette conduite privée d'une espèce assez neuve, croye avoir lû la débauche écrite *sur mon front*, lorsqu'il ne l'a trouvée que dans son répertoire d'injures. Je me trompe : ce n'est pas uniquement sur mon visage qu'il a fait cette découverte, mais encore dans un poëme composé dans le genre d'une ode très connue de certains amateurs. Si j'en ai été l'auteur dans un feu poétique de ma première jeunesse, ce n'est-là qu'un priapisme d'imagination fait pour effaroucher tout au plus des cagots de la trempe de ceux qui, sous l'ancien régime et sous une cour dévote alors par esprit de mode, s'avisèrent de tronquer par un sentiment de pudeur singulièrement raisonné les belles statues masculines de Versailles. Cela ne prouveroit pas plus la perversité chez moi que chez les *Piron*, les *Grécourt* et les *Voltaire*, auxquels je n'ai nullement la sotte vanité de vouloir me comparer pour le talent, ou chez tous les artistes, qui pour avoir réussi à bien rendre le *nud* dans leurs ouvrages, seroient donc traités aussi de libertins, par la rare logique du pudibond Foissac-Latour. J'admire au surplus sa bonne foi d'avoir parlé de cet opuscule pour tacher de me dénigrer, et d'avoir passé sous silence une production de moi, politique, qu'il a vue dans les mains de son secrétaire à Mantoue, et qui n'émane pas d'une plume démoralisée.

Notre ex-général voulant me faire passer pour un être déréglé dans mes mœurs à cause de ce poëme n'auroit donc produit là qu'une platitude : mais il m'affuble encore de l'épithète *de joueur* ; et me faisant perdre 500 louis à Grenoble avec l'équitable conséquence que cette somme n'avoit pu arriver dans mes mains que par le véhicule d'une maltote antérieure dans mon emploi commissarial, c'est une méchanceté de gros calibre que je saurai néanmoins soulever aisément.

Et d'abord je m'étonne qu'il n'ait pas ajouté un zéro de plus à la somme qu'il a supposée, parce que cette addition ne lui auroit coûté qu'un trait de plume ; cela eût été d'un plus grand effet, et conforme d'ailleurs à l'usage assez commun parmi certaines gens de grossir en parlant les pertes ou les gains du jeu. Je dois m'étonner encore qu'à ce sujet il me présente *sans fortune*, pour en conclurre que je n'ai pu posséder honnêtement la somme qu'il me fait perdre : car je lui avois appris à Mantoue, qu'avant d'être commissaire des guerres je remplissois l'état honorable d'avocat au parlement d'Aix, puis au tribunal civil de Marseille ; et il n'objecteroit pas que je pouvois être *un avocat sans causes*, puisqu'ayant été à cette époque le collégue de l'intéressant et malheureux conventionel *Barbaroux*, dont je dirigeai en société, et dans son absence le cabinet florissant à Marseille, j'aurois bien pû posséder et perdre ensuite sans reproches 500 ou 1000 louis du produit de mon état primitif et de mes économies subséquentes.

De ces réflexions préliminaires, je passe au fait.

C'est au sujet de mes prétendues parties de jeu à Grenoble que Foissac-Latour voudroit jeter un certain louche sur l'emploi d'une somme de 13500 liv. qu'il mit à ma disposition le jour de l'evacuation de Mantoue pour le payement du tiers d'un mois de traitement aux employés. Il a dû savoir par tous ceux qui l'ont suivi a Vérone, que je mis moi-même ce jour-là cette somme à la disposition de l'inspecteur principal pour en faire la répartition aux chefs de service, qui vinrent tous recevoir leur contingent, et celui de leurs sous employés.

Dans cette matinée accablante par l'évacuation de la troupe française et par le travail enorme qu'elle m'imposa, n'ayant pas le tems d'être moi-même le payeur des employés, je fus obligé de laisser ce soin à une autre personne, de même que Foissac-Latour s'en étoit aussi déchargé sur moi. L'inspecteur me produisit à Mantoue un compte en règle de cette dépense que je transmis à mon ordonnateur dès que je fus arrivé en France. Voilà de quoi je puis pleinement justifier. Si Foissac-Latour, à Vérone, a donné comme il le dit mille écus de plus à quelques sous-employés, parmi ceux qui l'ont suivi, et qui ont déclaré n'avoir rien reçu avant l'évacuation de Mantoue de la part de leurs chef de service, à qui ils ne se seront peut-être pas présentés dans l'empressement qu'ils avoient de partir le matin pour profiter de l'escorte de la garnison, j'aime mieux croire que la somme totale fixée auparavant, non par moi, mais par Foissac-Latour, n'aura pas suffi pour tous les employés, plutôt que de soupçoner quelque chefs de service de n'avoir pas payé certains de leurs commis, ou quelques-uns parmi ceux-ci d'avoir voulu se faire solder deux fois leur salaire. Ce qui est certain et très-connu, c'est que tous les chefs de service qui se présentèrent à l'inspecteur principal furent payés pour eux et leurs subordonnés, et que tonte la somme fut ainsi dépensée. Au surplus les mille écus que quelques employés obtinrent de Foissac-Latour, et dont il voudroit au bout du compte pouvoir me rendre responsable par une supposition de perte au jeu, n'étoient qu'une obole pour sa bourse et un bien foible dédommagement pour les vexations inouies qu'il avoit entassées sur eux. Cette discussion trouve ici sa fin, emmenant néanmoins une réflexion bien naturelle , relativement à la *passion du jeu* qu'il a fort mal adroitement entrelardée dans son *pot pourri* sottisier contre moi.

Ne diroit-on pas à entendre Foissac-Latour me reprocher le vice du jeu , qu'il est franc de colier sur l'article , tandis qu'il est de notoriété publique, sur-tout à l'armée d'Italie , qu'il n'y a pas de joueur de sa *force* pour tous les jeux dits de *hazard* et de sectateur des tripots plus zélé que lui. J'en appelle aux affidés des cafés de Milan qui l'ont vu si souvent *nella bottega Ve- ronese* avilir son uniforme de général au milieu d'une foule de gens de toute espèce et à toutes mains , la plupart correcteurs de l'adverse fortune. La chronique *pharaonique* prétend qu'ils se trouvoient eux-mêmes souvent corrigés en présence de Foissac-Latour par une *dextérité* supérieure à laquelle ils étoient forcés de céder, semblables aux demi-dieux d'Homère , dont l'intelli- gence mi-divine se trouvoit en désarroi quand ils étoient devant quelque grande divinité. Un jour que mon brave général battoit avec succès les rois coalisés........ de *trefle* et de *carreau*, et faisait une brillante campagne....... *de tapis verd*, quelqu'un voulant lui donner un avis offi- cieux , vint lui dire à l'oreille qu'il avoit affaire à des grecs ; *que m'importe*, répondit-il, *dès que je les bats ; l'argent des voleurs n'est-il pas d'aussi bon aloi , et d'aussi bonne prise que celui des autres ?* Deux officiers que je pourrois citer au besoin, lui ont entendu tenir ce pro- pos. Il faut avouer que quand on possède la langue grecque aussi bien qu'il passe pour la connoître, on n'a pas besoin pour se désennuyer de se procurer la lecture d'auteurs anciens *en petits volumes dorés sur tranche*, qu'il me fait emprunter à un auteur moderne. C'est encore là une historiete de sa façon , semblable pour la gentillesse et la vérité à celle *de la réquisition officielle des deux nourrices.*

Je passe au second point de la diatribe de Foissac- Latour sur l'immoralité qu'il me reproche par rapport à ma conduite à son égard. Il l'appelle *maladresse lâche et perfide*, disant que je l'ai dénoncé par *un libelle manuscrit, sans preuves, vendu sous le manteau, qui m'avoit valu l'avancement au grade de commissaire des guerses de première classe*, malgré que je lui eusse écrit dans le tems *comme si j'étois l'admirateur de ses sages dispositions administratives.*

Je n'ai besoin pour repousser l'imputation d'être un libelliste dans cette affaire que de transcrire ici l'ordre que je reçus du général en chef de l'armée d Italie, lors de son passage à Grenoble, où j'avois été obligé de m'arrêter sur ma parole d'honneur, d'après l'invitation antérieure du général commandant à Chambéry. Celui ci avoit cru ma présence nécessaire dans la première de ces deux villes, afin de donner des renseignemens au Conseil de guerre qui devoit s'y former pour l'affaire de Mantoue.

Grenoble le 19 Fructidor an 7 Républicain.

„CHAMPIONNET, général en chef de l'armée des Alpes et d'Italie,

„ Vu les pièces à moi présentées par le citoyen Le„clerc, commissaire des guerres, ayant fait fonction „ d'ordonnateur à Mantoue qui constatent qu'il n'a „ été que secrétaire du Conseil de défense de la dite „ place, sans y avoir voix délibérative ni consultative, „ je l'autorise de continuer sa route vers le quartier„ général de l'armée d'Italie à laquelle il appartient, „ pour y rendre compte à son Ordonnateur en chef de „ ce qui s'est passé à Mantoue en fait d'administration „ militaire, à la charge par lui avant de quitter Gre„noble de laisser une déposition écrite dans les mains „ du général commandant en cette ville contenant tout „ ce qu'il auroit à dire devant le Conseil de guerre „ qui doit être établi pour juger l'affaire de la reddition „ de Mantoue. „

Signé CHAMPIONNET.

Pour copie conforme : le chef de l'état-major de la division de la Lignrie.

Signé CHAUDRON ROUSSEAU.

J'ai dû remplir cet ordre du Général en chef, et j'e l'ai fait en ami de la vérité et de mon pays. J'envoyai mon rapport a mon chef, et ma déposition au général commandant alors à Grenoble. Je n'ai jamais voulu ensuite durant un an faire imprimer mon manuscrit par les raisons déduites dans mon avertissement, et qui m'honoreront sans doute aux yeux de tous mes lecteurs. Mais aujourd'hui que Foissac-Latour m'attaque publiquement, je produis cet écrit pour faire connaître publiquement aussi l'indignité de sa conduite à Mantoue, de même que cette réponse décèlera toute son imposture à mon égard.

Il appelle mon rapport *un libelle sans preuves*. On vient de voir que ce n'est point un libelle. Quant aux preuves, je pourrais offrir celles des principaux faits que je lui reproche sur la partie administrative, soit par les déclarations écrites de certains employés dans l'administration à Mantoue, dont il fait l'éloge aujourd'hui pour tâcher de les tourner de son côté, soit par mon registre de correspondance qui doit mériter autant de foi que la loi institutrice de ces registres leur en attribue, soit enfin d'après le registre du Conseil de défense par moi écrit comme Sécretaire du Conseil, et que l'on pourrait au besoin inviter Foissac-Latour, qui le détient, de produire. Je n'ai point il est vrai de preuves écrites de ce que je rapporte d'après le dire des membres de ce Conseil et des Autrichiens avec lesquels j'ai demeuré quelques jours à Mantoue pour la remise des magazins ; mais outre que les premiers ne me dédiroient pas j'en suis sûr, il ne faut pas perdre de vue que tant mon rapport que ma déposition sont la déclaration d'un témoin appellé et forcé de dire en justice tout ce qu'il sait en son ame et conscience ; libre à lui d'en fournir ou non les preuves, s'il les a ou ne les a pas : comme on est libre aussi d'ajouter ou non foi à celles de ses assertions qui n'en seraient pas revêtues : au lieu que le dénonciateur volontaire doit être rigoureusement tenu de prouver ce qu'il avance, parce qu'on ne lui demandait pas de parler. Le denonciateur remplit un rôle dûr et odieux. Il attaque de son pur mouvement l'honneur d'autrui. Il doit conséquemment compte de ses preuves. Cette mesure a été justement établie pour arrêter le torrent de la calomnie qui sans cela prendrait un cours trop facilement destructeur de la réputation, de la proprieté, même de la vie des citoyens. Mais le témoin n'est obligé de parler que suivant sa conviction intime, à charge comme à décharge, et tout ce qu'on exige de lui c'est la sincérité.

Je conçois fort bien que Foissac-Latour aurait infinement mieux aimé qu'au lieu de dire ce que je savais de sa conduite astutieuse dans le Conseil de défense et dans l'administration de la place, j'eusse produit seulement, comme il l'observe, sa correspondance avec moi et ses ordres du jour, pour justifier de ses opérations, et de leurs motifs. C'est là une très-singulière naïveté de sa part. Quel est le fonctionnaire public tant soit peu retord et à projets artificieux, qui ira consigner son secret dans une correspondance publique, et dans des ordres faits pour être lûs par toute une garnison ? partout au contraire, on y trouvera des phrases contexturées avec les mots *de zèle*, *de bien public*, *d'ordre*, *de répression des abus etc.*, et s'il y a eu des mesures de sa part prises contre ce même bien public ses écrits officiels n'en diront rien, ou les pallieront, les coloreront des motifs en apparence les plus louables. Il ne me manquera pas d'exemples, qu'avant de finir, j'attacherai à cette juste reflexion par rapport à la conduite de Foissac-Latour, si souvent fallacieuse au fond, quoique droite quelquefois suivant la forme et sur le papier, qui comme l'on dit, *se laisse écrire*. Cette passibilité du papier sous sa main se montre bien par toutes les rapsodies mensongères qu'il lui a endossées sur mon compte, entr'autres celle de me dire *l'admirateur devoué de ses oeuvres*, pour en induire que c'est une *lâcheté perfide* de m'en être porté ensuite le détracteur.

Je renvois à ce sujet le lecteur à la page 31 des OBSERVATIONS pour lui donner la clef de ceci. Il y verra que je déclare avec franchise, d'avoir applaudi en lui écrivant le quinze prairial à l'une de ses mesures qui m'avait paru utile en administration. Mais cette approbation partielle n'a jamais été un suffrage général de ma part à tous ses plans administratifs, et encore moins une *admiration*, comme il se complaît à le dire, de l'ensemble de ses opérations magasino-financières, dont j'ai souvent au contraire relevé les vices à ses yeux par ma correspondance, indépendamment de ce que je les ai ensuite déclarées dans mon rapport à mes chefs.

Au reste, ce n'est point ce rapport qui a décidé mes supérieurs à m'avancer de grade, comme le suppose très-gratuitement Foissac-Latour. Mon avancement n'a pas eu lieu dans ce temps-là pour moi seul, puisque le ministre a bien voulu me comprendre dans une promotion du 23 nivôse an 8 de vingt Commissaires des guerres qui ont été portés de la seconde à la première classe. Lorsqu'à Paris je fus remercier le Conseiller d'état *Petiet* qui s'était occupé de ce travail, il me fit l'honneur de me répondre que *c'était une justice qu'on m'avait rendue d'après l'état de mes services*. Ce furent aussi les paroles de quelques chefs des bureaux de la guerre. J'aime à citer le témoignage du Ministre Petiet, homme aussi recommandable par ses talents et ses vertus, que citoyen distingué par l'importance de ses fonctions. Tant que j'aurai le suffrage de tels hommes, ce sera le bouclier pétrifiant que j'opposerai aux traits impuissans d'un Foissac-Latour, qui honore quand il dénigre, et fait rougir quand il loue.

Je m'en tiendrai là pour la justification de mon rapport que je viens de démontrer n'être pas un libelle.

Mais Foissac-Latour ayant ajouté que son auteur l'avait produit comme s'il écrivait encore en style de président *d'un comité révolutionnaire*, je ne dois pas laisser cette apostrophe sans réponse.

Si je niais formellement d'avoir jadis présidé un de ces comités, j'entendrais peut être cet ex-général, qui avouant son erreur sur les mots, pourrait me dire que c'est un tribunal révolutionnaire dont j'ai été le président : car j'ai ouï proferer cette imputation contre moi de la part de quelqu'un de ses adhérens à Mantoue, où tantôt l'on me peignait de la noire couleur des scélérats, et tantôt l'on me bariolait sur le théâtre de la cité, sur lequel son fils cadet et quelques officiers de son état-major jouaient et me jouaient moi-même, de couleurs comiques et indécentes, quoiqu'il y eût de la conradiction à me faire passer tout à la fois pour *un Jeannot* et pour *un Robespierre*. Eh bien, que Foissac-Latour et ses souffleurs sachent que je n'ai pas plus présidé un tribunal qu'un comité révolutionaire, mais que j'ai été accusateur public, puis juge au tribunal criminel de mon département, lequel au bout de quelques jours par ordre des représentans du peuple de ce temps-là, fut, il est vrai, institué pour juger *révolutionnairement*; et c'est lors que je vis que j'allais être ainsi forcé de condamner des hommes, non plus comme auparavant pour des vols et assassinats sur les routes, mais pour des opinions politiques, que je donnai ma démission de cette place à Marseille, où je passai de suite à celle de procureur de la commune ; faits que je puis constater par pièces authentiques. J'apprendrai aussi à Foissac-Latour que j'ai successivement occupé presque tous les premiers emplois administratifs et judiciaires de mon département dans ces temps déplorables, où il était si heureux pour la France que quelques hommes honnêtes osassent se charger des fonctions publiques, pour montrer du moins à la foule des infortunés quelques rayons consolateurs sous ce ciel d'orage, de devastation et d'épouvante. Mais c'était de ma part pour adoucir tant que je pouvais le sort de mes administrés et de mes justiciables, dont je puis dire m'être généralement acquis l'estime dans le département des Bouches-du-Rhône, au lieu de tout bouleverser comme a fait Foissac-Latour dans son département de la Meurthe, dont il présida l'administration et dont il fut le désorganisateur abhorré : j'en appelle à tous les citoyens de cette contrée. Je lui avouerai encore que j'ai figuré comme il le dit dans les sociétés populaires, ainsi que dans les assemblées électorales, mais c'était pour y proclamer sans cesse les grands principes qui sont le *palladium* de notre liberté, et pour y prendre la défense des propriétés et des personnes opprimées, en sauvant moi-même la vie dans une nuit à Marseille, où j'étais alors procureur de la Commune, *à huit cent personnes* incarcerées comme suspectes et menacées d'égorgement pour cause d'opinion. Cela me valut un mandat d'arrêt, et occasiona ma fuite vers l'armée sous Toulon, où je fus nommé commissaire des guerres en récompense de cette action par un représentant qui s'est montré l'ami des loix comme de la liberté. Ce même trait de ma part prouvée ensuite par moi, avec les pièces en main que je conserve encore, aux yeux du général VVillot lors de son passage à Arles où j'exerçais mon emploi, me procura très à propos la faveur de n'être pas jetté dans le Rhône par une tourbe royal-assassine qui n'attendait pour cela que le froncement de sourcils de deux jeunes officiers provençaux de l'état-major de ce général. Mais Foissac-Latour en revanche a pardevers lui le fait remarquable lorsqu'il commandoit la place de Paris, d'y avoir à la tête de six mille soldats armés fait bravement fusiller au camp de Grenelle 1500 hommes ivres venant au devant de la troupe avec des bouteilles et des gobelets : (1) Je lui dirai enfin que

____

(1) Je ne prétends pas ici porter un jugement au sujet

moi aussi je célèbre avec une dévotion philosophique les fêtes nationales : Mais mon allegresse civique ne nuit en rien au bien public ; tandis que lui n'a affecté de célèbrer la prise de la Bastille que pour amener celle de Mantoue. Que Foissac-Latour apprenne donc par ce parallèle de notre conduite, qu'un révolutionnaire tel qu'il me dépeint n'est pas un mangeur d'hommes et de villes comme un prétendu républicain de son espèce. (1) Qu'il garde donc pour lui tout le noir avec lequel il a voulu barbouiller mon portrait

---

de l'affaire du camp de Grenelle, ni sur les causes et les motifs qui l'ont produite, ni sur les personnes qui l'ont ordonnée. C'est un fait révolutionnaire sur lequel je ne veux pas prononcer pour ou contre. Je laisse ce soin à l'histoire, qui est là, tenant sa plume d'airain, pour juger sans appel tous les grands événemens de notre mémorable révolution. J'ai voulu seulement en parlant de celui de Grenelle faire remarquer que la seule expédition qui a fait connoître Foissac-Latour étoit une fusillade de gens désarmés, par conséquent, sous le point de vue militaire, une action de sa part, sans péril, sans bravoure, et sans gloire.

(1) On employe très-souvent l'epithète de *révolutionnaire* comme un terme de mépris pour les personnes à qui on l'applique. C'est un étrange abus d'idée et d'expression, qui dénote le defaut de jugement ou la malveillance de ceux qui se servent de ce mot dans ce sens. Eh bien ! je leur déclare avec une franche hardiesse, que je suis un révolutionnaire de 1789, que je l'étais dans l'ame, même avant cette époque ; et je n'ai qu'un regret en cela : c'est de n'avoir pas été un révolutionnaire de l'espèce et de la trempe rare de quelques êtres privilégiés de la nature, qu'elle a jetés de loin en loin sur ce globe sublunaire, pour changer et améliorer le monde politique ou moral, pour révolutionner les états à la liberté, comme l'ont fait les *VVasington*, les *Guillaume Tell*, les *Mira-*

moral. Je continue néanmoins l'examen de ma moralité, par lui si défigurée, sous le rapport du commissariat des guerres.

---

beau : c'est de n'avoir pas été destiné à révolutionner
philosophiquement les esprits à la *manière* sublime des
Rousseau, des *Mably*, des *Franklin* : c'est de n'avoir pas
eu l'honneur d'être apellé par ma nation à révolutionner
les opinions en France suivant les principes des *Bailly
des Vergniaux*, eussai-je dû leur être associé sur le même
échafaud, pour avoir voulu comme eux faire concorder la
liberté publique et la liberté civile, la raison et l'hu-
manité avec une justice rigoureuse, qui ne devait pas
être une terreur sans justice, l'énergie en un mot qui
enfante et soutient une révolution avec la modération qui
la consolide et la termine : et puisqu'il s'agit ici d'hommes
à révolution, y a-t-il eu jamais un révolutionnaire
plus remarquable que l'HOMME-DIEU, lui qui fut dans
l'ancien tems le plus grand professeur du principe de
l'*égalité*, et qui sut l'insinuer dans les cœurs comme dans
les têtes, à l'aide de son sistéme mis en pratique d'une
bienveillance universelle ? Considéré seulement comme
homme il est plus étonnant pour avoir révolutionné les
ames à la vertu, que pour avoir fondé une religion, puisque Zoroastre, Confucius et Mahomet furent aussi des
fondateurs religionaires. Dans le tems moderne que seroit
devenue la liberté, si quelques êtres héroïquement révolutionnaires ne l'avoient empéchée de succomber à diverses
époques ; si un *Camille-Desmoulins* monté sur une table
au Palais-Royal, et tirant en l'air son coup de pistolet,
n'eut produit la première étincelle de l'explosion qui ren-
versa la bastille ; si un *Barbaroux*, la veille du 10 août,
se trouvant à un banquet civique avec ses Marseillais,
ne leur eut communiqué par le contact électrique de son
ame avec la leur, la bravoure indomptable et *flibustière*
avec laquelle ils vainquirent la perfide royauté aux tuile-
ries ; si un *Talien* n'eut par sa force oratoire renversé

Michel Leclerc, dit-il, *est petit et faible au moral comme au physique. On devine d'après cela qu'il est vain, fourbe, prétentieux à l'égard de ses chefs et de ses camarades, ayant voulu monter sur des échasses vis-à-vis l'ordonnateur Cisalpin Gazz...., ce qui engagea une querelle entr'eux deux qui faillit à bouleverser toute l'administration. Je ne dirai pas qui eut tort de Gazz.... ou de moi. Ce qu'il y a de positif, c'est qu'à raison de sa conduite à Mantoue, cet ordonnateur vient d'être destitué à Milan. En faut-il davantage ? Leclerc est*

de son trône populaire le monstre conventionel, tribun du crime et de la mort ? Oui, sans le 14 juillet, la France retombant sous l'ancien despotisme devenu plus cruel et plus vindicatif encore, aurait eu son visir *Acton* pour la decimer à la *napolitaine*. Sans le 9 thermidor elle eut été également noyée dans son sang, mais pour être suivant la plus creuse et la plus noire des réveries, régénérée et métamorphosée en terre sauvage, peuplée de hordes féroces, qui n'auraient plus connu que le fer et le gland, au milieu de l'Europe civilisée, livrée à leurs excursions vandaliques. Oh ! quand on voit que cette scène a si heureusement changé ; que les tyrans royaux, patriciens et plébeiens ont successivement disparu ; que le char de la victoire conduit par la main d'un héros ne s'arrête qu'au terme de la paix, malgré tous les obstacles semés sur sa carrière par le génie infernal d'un *Pitt*, vrai *lovelace* politique, qui pourrait bien finir par être attelé lui-même à ce char de triomphe : quand on voit enfin la République française s'élever comme un grand phare lumineux qui va éclairer tous les peuples, et aveugler par l'éblouissement tous les rois, il est bien doux, de pouvoir, comme moi, se dire à soi-même, j'ai été l'un des premiers révolutionnaires, et des créateurs de la liberté de la grande Nation.

vain, ajoute - t - il, *parce qu'il est jaloux du titre d'or-donnateur.* Je n'ai jamais pris que le titre de *faisant fonctions d'ordonnateur*, soit à raison de la nature de mes fonctions, soit parceque l'ordonnateur en chef me l'avait donné. Foissac-Latour ne s'appelait-il pas lui-même volontiers général en chef, législateur, gouvernant directorial et dictateur à Mantoue ? Mais comme il voulait tout pour lui, il ne consentait-même pas en s'emparant de mes attributions que je gardasse au moins mon titre.

Leclerc se contentait d'ordonner, et n'avait aucun ressort d'action pour exécuter.

Foissac-Latour aurait voulu ques ses interminables mesures administratives, fussent toutes exécutées avec la célérité d'un maniment d'armes à l'exercice ; ou plutôt il vouloit que je jetasse mon arme à bas et que j'abandonnasse mon poste pour m'y faire remplacer par quelqu'un à sa main.

Sans force, quand il s'agissait de réprimer un abus, mon commissaire empruntait une activité extraordinaire, quand il s'agissait de défendre un employé fautif.

Que le lecteur veuille bien recourir aux notes 15 et 18 des OBSERVATIONS pour juger la conduite de Foissac-Latour envers ces employés par lui nommés *fautifs*, qui ont tous été acquités par le Conseil de guerre ; Et qu'il se détrompe sur les intentions à son égard de certains des employés de Mantoue, dont il vante à présent dans sa dernière brochure l'honnêteté pour accaparer leur suffrage, puisque comme je l'ai dit plus haut, quelques-uns m'ont fait contre lui des déclarations écrites. Les regardant tous indistinctement, comme pouvant être ses RIVAUX DE RAPINE, il les traitait tous en conséquence de cette idée. Aussi peut-on dire que le sort des anciens *ilotes* de Lacedémone, ou des *caffres* dans les Antilles, à l'exception des travaux corporels, n'était pas de beaucoup pire que celui de ces malheureux employés.

Le travail l'accablait à n'en pouvoir plus, et il ne faisait rien par lui-même.

Il est certain que pour la partie seule de la correspondance, je n'ai fait que 1358 lettres dans trois mois et demi de bloccus, comme il conste par mon registre. C'est sans doute une bagatelle pour la plume à la *Saumaise* de Foissac-Latour. C'était cependant quelque chose pour moi, quoiqu'il n'y eut pas de comparaison avec le reste du travail que j'avais à faire.

Oh ! si je ne craignais pas, mes chers cammarades commissaires des guerres des armées et de l'intérieur, de vous ennuyer par le récit de tous les détails que Foissac-Latour par ses longs, diffus et confus ordres du jour, entassait sur moi, je vous accablerois du poids de la nomenclature seule de mes travaux journaliers. Indépendamment d'une surveillance de tous les momens qu'il me fallait avoir sur les parties de service gérées par trois commissaires sous mes ordres, parce qu'en cas de la moindre erreur de leur part, j'en étais déclaré responsable, et en conséquence appelé à l'état-major, questioné, semoncé, inquiété, affiché, et menacé de destitution provisoire dans ces mêmes ordres du jour ; indépendamment, dis-je, de cette surveillance générale, combien d'objets n'avais je pas à traiter moi-même ? quelle multiplicité, quel enchevêtrement de ressorts souvent inutiles et embarrassans que Foissac-Latour croyait être un mécanisme merveilleux, et qui ne prouvait autre chose, que son dessein très-manifeste *de ne hausser tant le ratelier aux employés que pour pouvoir y manger* tout seul à sa hauteur. Mais il avait, je le répète, un autre but à mon égard, qui était de m'obliger par le dégoût et la lassitude d'un travail excessif, qui m'avait erreinté et alité quatre de mes huit secrétaires, de céder la partie, dabord à un officier de son état-major, puis à son cher et digne ordonnateur Cisalpin. Il prit ensuite le parti de me le donner pour collaborateur, quand il me reconnut assez obstiné pour ne pas vouloir abandonner ma place, précisément parce qu'il le désirait. Ce fut là de ma part une opiniâtreté dont j'ai failli à être la victime pour ma santé, autant que j'ai risqué de l'être pour ma vie par l'effet d'une semblable pique, qui m'entraîna par des motifs personnels au combat vif et sanglant des avant-postes le six germinal an 7, et dont je ne parle ici que parceque Foissac-Latour a jugé à propos de mentir à ce sujet sur un fait connu à mon honneur de toute l'armée d'Italie.

Il me représente *comme étant couché ce jour-là dans mon lit par une grande pluie, laissant le soldat manquer de pain.* Cependant tous les braves de la division de l'avant-garde, commandée par le général Delmas, m'ont complimenté de ce que je m'étais trouvé avec eux au feu de la première avancée, où je vis blesser à mes côtés les généraux Delmas, Dalesme, plusieurs officiers de l'état-major, et derrière moi un inspecteur aux vivres qui eut le bras emporté par un boulet, pour avoir voulu me suivre. Cette supposition si notoirement fausse de Foissac-Latour, peut bien aller de pair avec une autre du même genre, quand il dit, parlant encore *d'un jour de pluie* à Mantoue, où je n'assistai pas à une revue de la garnison, *que c'était de peur de me mouiller.* Il sait fort bien, et je le lui écrivis, qu'à cette époque dans le commencement du blocus je fus retenu quelques jours malade chez moi dés suites de cette fatale campagne de germinal. Mais j'aurois tort sans doute d'arrêter davantage mon lecteur sur ces vétilles, auxquelles cet ex-général voudrait donner de l'importance. Je passe à *son application de quelques faits,* qu'il dit occasionnés par ma négligence.

Ce sont dabord *des boeufs, des moutons décharnés et malandrins de l'approvisionnement de siége, qui bêlant d'un troisième étage par les fenêtres semblaient se plaindre de leur misère et de leur abandon ;* image pillée du poëme *du Moyse sauvé,* turlupiné par Boileau, qui dit que son auteur, au sujet des Israélites marçhant au fond de la mer,

Met pour les voir passer les poissons aux fenètres.

Je donne à ce reproche d'une prétendue négligence de ma part sur cet objet une réponse tellement péremptoire que je la mets en grosses lettres, pour qu'elle saute davantage aux yeux de Foissac-Latour, s'il vient à la lire ; C'EST QUE DEPUIS LE PREMIER GERMINAL JUSQU'AU VINGT-DEUX DE CE MOIS QU'A COMMENCÉ LE BLOCUS, J'ÉTOIS EMPLOYÉ DANS LA DIVISION D'AVANT GARDE DU GENERAL DELMAS: DONC JE N'ÉTAIS PAS A MANTOUE, pour avoir soin de ces bestiaux, qui d'ailleurs avaient toujours été auparavant nourris et soignés loin de la ville par l'administration départementale sous la surveillance exclusive des agens Cisalpins.

Un employé, dit Foissac-Latour, *avait tiré des magazins de siége une quantité considérable de fourrage, avait déserté avec les bons à son profit, et Leclerc ne m'en parla pas. Un autre commis emprunta quatorze-cent sacs de grains de la Municipalité avec promesse de restitution dans la huitaine au bout de laquelle il fit banqueroute. Le Citoyen Leclerc ne constata pas ce fait.*

Même réponse tranchante de ma part que ci-dessus. J'ETAIS A L'AVANT-GARDE, CONSEQUEMMENT HORS DE MANTOUE quand tout cela s'est peut-être opéré, à l'époque où le quartier-général était dans cette place.

Et l'hôpital où Leclerc n'alloit jamais. -- Rarement, je l'avoue, parceque le chef de l'état-major en étoit le commissaire des guerres, l'économe, le portier, et le cerbère à trois gueules aboyantes contre moi quand j'y entrois. -- *Et les vâses de nuit pour les malades qui n'y étoient pas.* -- Je déclare sans fanfaronade qu'étant à la fusillade de Pastringo le 6 germinal, tout novice guerrier que j'étois alors, je n'eus pas plus l'idée que le besoin de cette sorte de *vases*. -- *Et les commis Christ., Cam., Mour., fripons que Leclerc sembloit protéger, malgré que le premier lui ait donné l'épithète de scélérat, qu'il avala aussi doucement qu'un verre de vin de Bordeaux, un jour qu'on la lui répéta à ma table.* -- Je ne puis pas plus empêcher qu'un homme derrrière moi m'appelle *scélérat,* que Foissac-Latour ne peut interdire à tous les hommes de la garnison et de la ville de Mantoue, qui l'on vu manœuvrer de près de lui déclarer unanimement en sa présence qu'il est *un Fourbe, commandant de place.* S'il ne peut pas avaler cette qualification doucement comme un verre de vin, faut-il bien qu'il la prenne comme une *pillule amère.* C'est parceque j'espère que ce caustique pourra mordre dans son intérieur sur le grand vice moral de fourberie qui le travaille, que je vais lui aider à faire passer ce remède par le moyen de quelques lenitives démonstrations. (*)

(*) Je ne terminerai pas ma défense contre les imputations de Foissac-Latour, sans en rejeter une ici en note qui est vraiment curieuse, tant par son ineptie foncière que par l'effronterie de celui qui l'a hazardée. L'ex-général fabrique sur la fin de sa brochure un dialogue de sa façon *intra muros* et sans témoins, dans lequel il dit, *que toussant, crachant et tremblotant, je lui ai offert mes services le matin de l'évacuation de Mantoue, et que le lecteur doit juger sur quoi devoit porter ma bienveillance.* Qu'a-t-il voulu par-là donner à penser ? que j'ai eu l'idée pauvre et bisarre, de présenter le denier de la veuve à son riche bassin, sans motif, sans intérét, et sans une raison quelconque ? ou que j'ai desiré de m'entendre avec lui pour la vente des denrées, et la livraison des magazins aux autrichiens ? mais il faudroit me supposer oubliant que Foissac-Latour avoit toujours vendu lui-même les denrées, et effets de siège sans le secours de personne ; que dans

LA FOURBERIE, dit *Théophraste*, *Chap.* I. *EST L'ART DE COMPOSER SES ACTIONS OU SES PAROLES POUR UNE MAUVAISE FIN.* J'applique cette définition aux principaux faits énoncés dans mon rapport, et je demande :

N'y a-t-il pas de la fourberie de la part du commandant d'une place bloquée, qui faisant fortifier des postes déjà forts, qu'il évacue après sans brûler une amorce, n'ordonne aucuns travaux à l'endroit reconnu le plus foible, où l'ennemi établit ensuite son attaque et fait capituler la place ; qui laisse impunément distribuer des cartouches en plein jour à ses soldats, portant publiquement leur sac sur le dos, la veille d'une sortie, sans vouloir faire arrêter des habitans de la ville surpris en intelligence avec l'ennemi par le moyen des signaux ; et qui pour se justifier au Conseil de ne pas faire plus souvent des sorties, dit que sa garnison n'est pas assez forte, tandis qu'il avoue en même tems que l'ennemi est très-foible ? Que Foissac-Latour produise le registre du Conseil qui manifestera cette contradiction de son esprit et de son cœur : de son esprit, qui lui montroit la foiblesse de l'ennemi ; de son cœur,

---

ce moment l'autrichien entroit dans la ville pour mettre la main sur tout ; que notre ex-général avoit le pied à l'étrier pour partir, et par conséquent qu'il devenoit pour moi, si j'avois eu quelque aveu particulier à lui faire, un confident très-inutile : et l'on a vu que j'ai été aussi moi-même dans la remise des magazins un acteur absolument nul à cause du rôle principal joué par l'ordonnateur cisalpin. Il faut donc convenir que toutes ces suppositions que pourroit présenter la prétendue offre de mes services à Foissac-Latour dans son dialogue imaginaire sont autant de licences hypothétiques qu'il a amenées mal à propos au dénouement de sa pièce *pamphlétique* contre moi, ce qui doit toujours mieux contribuer à faire siffler ou plutôt huer l'auteur.

qui ne lui conseilloit pas d'agir contre lui , apparemment pour ne pas lui faire du mal.

N'y a-t-il pas de la fourberie de la part du commandant d'une place assiégée , qui pour se donner un air de républicanisme et célébrer la fête du 14 Juillet propose un armistice de 24 heures pour lire un discours et donner un dîner de parade , tandis que l'ennemi durant ce tems-là , sans s'amuser ni à discourir ni à boire , opère si bien par le moyen de près de 5000 ouvriers, que le lendemain matin l'on voit ses travaux considérablement augmentés ? Foissac-Latour ne savoit-il pas que l'autrichien , quoique faisant taire son canon durant l'armistice , pouvoit sous main continuer ses ouvrages , et que dans le commencement d'un siège , l'ennemi fait plus de mal à une place par le progrès de sa tranchée que par son feu?

N'y a-t-il pas de la fourberie de la part du commandant d'une place assiégée , qui après avoir ordonné une inondation pour garantir les dehors de la place, capitule quand il voit et qu'il convient que cette inondation peut empêcher l'approche de l'ennemi ; qui propose dans le Conseil de défense de se rendre lui-même avec son état-major et tous les officiers de la garnison prisonniers de guerre , sous le prétexte de racheter la liberté des soldats par le sacrifice de celle de leurs chefs , mais qui s'était auparavant concerté avec le général autrichien sur cette mesure , voulant apparemment par ce moyen sauver sa personne et ses trésors en pays étranger , pour ne s'exposer ensuite à rentrer dans le sien qu'en tems opportun ? les preuves de cette intelligence de sa part avec l'ennemi ne fourmillent-elles pas dans mes OBSERVATIONS ?

N'y a-t-il pas de la fourberie de la part du commandant d'une place assiégée , qui présente au Conseil un tableau absurde et dérisoire de l'effectif et de l'emplacement de sa garnison , pour ne supposer qu'un *infiniment petit* nombre d'hommes disponibles pour défendre le front d'attaque ; qui après avoir affecté de faire construire des piques et des chars de guerre à la Macédonienne , pour repousser des assauts futurs , ne donne ensuite lors du siége pas même des fusils à une foule d'hommes qu'il porte en déduction dans son compte au Conseil , par la merveilleuse raison que dans le service ordinaire les officiers et sous-officiers , musiciens, tambours , sapeurs , mineurs, etc. ne sont point porteurs de bayonnètes , comme si dans un cas pareil on ne doit pas en fournir à tous ces militaires; qui laisse se promener librement dans la ville les parlementaires autrichiens pour tout voir et tout entendre , s'enchambrant avec eux sans jamais y appeller pour sauver les apparences du moins un officier général; qui affecte d'ordonner un transport de vivres pour la citadelle, sans jamais s'y retirer pour en faire son dernier retranchement ; qui après avoir rendu la place à l'ennemi, sans qu'il y eut *brèche* et sans avoir essuyé aucun *assaut* , vient nous parler à présent de Mantoue comme d'une *mauvaise place*, et de sa garnison comme *trop faible* pour la défendre ; et qui durant le blocus écrivait par le moyen d'un espion au général Macdonald : *tout va bien ici. Les vivres abondent. Ce que je crains , c'est que l'ennemi ne me fasse pas les honneurs d'un siège. Quoiqu'il en soit , on trouvera encore au bout d'un an Foissac-Latour à Mantoue.* Cette lettre qui a été connue de toute l'armée de Naples ne le constitue-t-elle pas évidemment en contradiction avec lui-même , et n'est-ce pas la contradiction du fourbe , qui suivant le moraliste ancien que j'ai cité *compose ses paroles pour une mauvaise fin ?* Si tout cela ne prouve pas la fourberie de la trahison proprement dite , sur laquelle il n'existe que rarement en pareil cas et sans doute jamais des preuves formelles, ne sera ce pas du moins la fourberie de la lâcheté , celle d'un homme pressé de se rendre par la peur de compromettre sa personne et son or ? Foissac-Latour n'a-t-il pas d'ailleurs montré toute sa couardise en ne paraissant jamais au front d'attaque, si ce n'est durant l'armistice de la capitulation, c'est-à dire quand il pouvoit s'y promener sans rien craindre ? Si cet ex - général n'est pas un traître, il s'est au moins montré comme un lâche et *un homme d'argent*. Il ne peut échapper au soupçon de la trahison que par cette tangente.

N'est ce pas en effet la fourberie de la cupidité que celle du commandant d'une place de guerre qui a trois caisses dans sa maison, l'une dans les mains de son beau frère pour la gestion des bestiaux de siége, l'autre chez son très-devoué chef d'état-major pour une foule de petits objets, et la troisième chez lui pour les grandes recettes, versant ce qu'il vouloit de ces trois sources dans la caisse du payeur, dont il donnait l'état de situation au Conseil sans y produire jamais celui de sa caisse nourricière de l'autre ; qui vendait la plupart des denrées des magazins tractativement et sans la formalité légale et indispensable des enchères, par la singulière raison qu'il pouvait y avoir des rabais dans les adjudications, lesquelles étaient aussi susceptibles d'augmentation de prix, mais dans le vrai, parce qu'il trouvait mieux son compte à vendre secrètement par et pour lui même ; qui sous prétexte d'eviter les dilapidations d'un approvisionement de reserve en farine, mais plutôt pour filer chichement du jour au jour au soldat sa subsistance en conservant les matières entassées en magazin jusqu'au moment favorable d'en disposer, laisse obstruer les moulins par les eaux, et les soldats manquer de pain comme des *tantale* affamés, durant près de deux mois, au milieu de cinquante mille quintaux de bled ; Qui pousse la fureur de vendre, jusqu'à vouloir se défaire du seul biscuit existant alors à la Citadelle, ce qui fit demander au soldat de l'acheter de préférence sur sa solde pour ne pas mourir de faim ; Qui après avoir imposé à outrance les marchands de Mantoue, sans payer les administra-

tions locales, battu royalement monnoye, vendu à
tort et à travers en ne payant jamais que le tiers de
la solde, et chargé finalement ses trois fourgons cou-
verts de tout ce qu'il a voulu, ose dire que ces
fourgons renfermaient des patriotes Cisalpins qu'il avait
dérobés de la sorte à la persécution austro-royale ?
Je lui donne là-dessus le démenti le plus formel,
ayant interrogé dernièrement à Milan un de ces patriotes, le citoyen Porro agent de la police à Mantoue
que Foissac-Latour prétend avoir sauvé de cette manière et qui nie le fait. Ce Citoyen existe dans la
Cisalpine : on peut le consulter. Il dira que les trois
personnes cachées dans les flancs de ces fourgons
étaient une femme attachée au chef de l'état-major
et deux autres gardiens affidés de la cargaison, sous
la protection de *St. Elme*, grand Saint d'argent mas-
sif, enlevé à Mantoue avec les médailles d'or de
l'académie, qui fut ainsi conduit irréligieusement prisonnier de guerre en Allemagne, malgré qu'il eut été
des non combattans à Mantoue.

N'est ce pas la fourberie du despotisme que celle
du commandant d'une place forte qui se parant de
beaux dehors patriotiques dans un discours pour une
fête civique, affiche la tyrannie par une foule d'actes
arbitraires ; qui après avoir accablé de vexations,
pressuré par des taxes pécuniaires les employés dans
l'administration, imagine tout-à-coup d'en faire une
colonne de sortie contre l'ennemi, sans nécessité pour
la défense de la place alors non assiégée, ce qui fit
dire dans toute la ville qu'il voulait par ce moyen se
débarrasser des accusations futures contre lui en même
tems que des accusateurs ? Quel déhonté despotisme,
que celui d'un homme qui lui-même se déclare dans
une société un *despote* et *un dictateur* par le droit
comme par le fait ; lui général Français, lui agent d'un
gouvernement libre, lui parlant ainsi devant des répu-
blicains qu'il affectait de mépriser et de braver de la

sorte ! Certes, si Louis XVIII eut commandé à sa place, il se serait bien gardé de se donner à lui même ces odieuses qualifications. Foissac-Latour osait alors tout-dire parcequ'il pouvait tout faire ; et l'accent du pouvoir absolu, dont la passion était ancrée dans son ame, sortait ainsi de sa bouche au grand scandale des auditeurs avec les menaces continuelles de prison, de fers, de fusillade : atterrant toutes les ames dans Mantoue qu'il se plaisoit de montrer comme une place éloignée pour long-tems des secours de l'armée Française et comme si elle existait isolée dans quelqu'isle de l'Océan atlantique. Oh ! comme le despotisme est insupportable quand il s'exerce dans un point circonscrit, tel qu'une place assiégée, et qu'il a sous sa main toutes les têtes qu'il veut courber ou frapper, semblable, quoique sous d'autres formes, à l'ancien despotisme monacal, qui dominait silencieusement dans les cloîtres et les *in pace*. Oui, je le déclare, si j'eusse été un anti-républicain avant que le blocus me surprit dans Mantoue, l'insolent despotisme de Foissac-Latour m'aurait converti à la liberté.

Quand j'employe ici l'épithète *d'insolent*, c'est qu'il n'y a personne à qui elle convienne mieux qu'à lui sous toute sorte de rapports. Il n'y a pour s'en convaincre qu'à l'entendre parler de lui-même et des autres ; et quelle vanité étrange et ridicule de sa part, puisqu'il ne la justifie par un aucun service méritoire ! il n'est pas jusqu'à ceux de nos généraux du plus grand renom militaire dont il n'aime à diminuer l'éclat, en faisant honneur de leurs exploits à leur fortune plutôt qu'à leur tête, parce qu'il n'y a selon-lui de bonne tactique que dans la sienne. Ne lui avons nous pas entendu dire un jour à table, *que Brune et Massena n'étaient que des soldats heureux, et que Bonaparte lui même n'étoit qu'un prodige de bonheur*, idée qu'il a osé reproduire à son sujet *dans son appel à la postérité*, où il affecte de parler des hauts faits militaires de ce

héros en même tems que *des tierces et quintes au piquet.*
Si ces deux premiers généraux ont été des hommes
heureux à la guerre, nous l'avons été bien plus
qu'eux par les salutaires résultats de leurs mémorables
batailles dans la Suisse et la Hollande. Quant à Bonaparte, si Foissac-Latour prétend que sa fortune seule
lui a fait remporter cent victoires, cette fortune serait
aussi INTELLIGENTE que *le hazard* auquel les maté-
rialistes attribuent la production des merveilles de cet
Univers.

N'est ce pas enfin le comble de la fourberie la plus
rafinée que celle de l'ex-général Foissac-Latour qui
voudrait faire entendre, qu'après l'expiration de ses
trois mois de captivité, il n'avait pu obtenir la permission de se rendre dans sa patrie malgré ses vives
instances, tandis qu'il est certain qu'il n'a jamais voulu
y revenir durant tout le tems de son absence ? Il
croit apparemment qu'on ne connait pas une certaine
lettre par lui écrite en Allemagne après le 18 bru-
maire au général Monnet qui voulait rentrer, dans
laquelle il lui dit, *général, il ne serait pas prudent
d'aller à présent en France.* Le général Monnet est un
homme trop ami du vrai pour désavouer cette lettre,
qu'il a montrée à Leoben au citoyen Vais . . . . brave
officier de la légion Cisalpine employé aujourd'hui à
Milan et qui m'a déclaré l'avoir lue dans ses mains.
Si Foissac-Latour vient maintenant de rentrer, demandant d'être jugé, voici son secret, mais un secret que
tout le monde a deviné. Il a machiavéliquement
combiné que tout le tems des revers de nos armes
il devait rester en *vedette* en Allemagne, pour voir
si la catastrophe qui menaçait alors la France ne
pourrait pas l'y faire revenir avec sûreté, même
avec distinction. C'est lorsque nos armées devenant
encore par tout victorieuses, il a pu craindre que le
gouvernement Français ne forçât son échange, et ne
le reclamât même comme prisonnier d'état, qu'il a

fait, comme dit le proverbe, *à mauvais jeu bonne mine*; retournant dans son pays malgré lui, demandant un conseil de guerre qu'il savait bien ne pas devoir lui manquer, et se confiant assez avec la vanité qui lui est propre sur ses moyens charlataniques de plume, de langue et de cavillation pour se flatter de se tirer de ce mauvais pas. Telle a été sa tactique, la meilleure qu'il ait jamais eue : mais le gouvernement a judicieusement démonté son jeu, en ne lui laissant pa la faculté d'embarrasser la conscience du juge par certaines formes dont il a su s'envelopper dans son conseil de défense et de donner par-là un scandale manifeste à l'opinion publique si fortement prononcée contre sa conduite.

Ex-général Foissac-Latour, je viens de démontrer que vous êtes le héros de la fourberie. Puissent tous ceux de votre espèce se reconnaître, ou être reconnus dans ce miroir de votre immoralité publique et privée ! Puissé-je moi-même en vous arrachant le masque, l'ôter aussi à tous ceux qui vous ressemblent ! j'aurai rendu service à la chose publique, en presentant un tableau de perversité humaine qui pourra contribuer à l'instruction morale de la nation. C'est dans ce même but que les satyriques anciens et modernes avaient dessiné les portraits des êtres immoraux de leurs tems sans les nommer. Pour moi, justifié par votre attaque calomnieuse, je vous ai nommé dans ma défense : mais je vous ai encore ménagé, je le déclare à la face du public, parceque j'étais las de disséquer plus avant un cadavre qui exhale l'infamie, et que ma sensibilité répugne à fouiller dans les détails particuliers et honteux de la vie de certains hommes. Que seroit-ce si j'avais soulevé un voile domestique ?....... et si je n'avais pas craint d'augmenter l'inquiétude d'une famille respectable de votre pays sacrifiée à vos plaisirs, qui vous doit la perte de sa tranquillité, et la tâche faite à son honneur ? Que serait-ce si je vous avais suivi dans toutes vos phâses politiques , de président de l'administration de votre département, où vous vous êtes si bien fait connaître par vos intrigues ; d'ambassadeur de Suède avorté, où le Directoire ne voulut pas vous envoyer, non point à cause, comme vous dites, de votre qualité d'ex-noble , mais par les rapports donnés par votre département sur votre compte ; de commandant de la place de Paris où tout le monde sait comment vous vous êtes conduit à Grenelle ; enfin de général dans l'armée du Rhin et Moselle , où pour avoir laissé prendre par l'ennemi dans une retraite des bâtimens chargés de provision , vous avez été six mois à Paris en prison (ce qui occasionna votre éclipse politique durant cet intervalle) par l'effet d'un mémoire contre vous du commissaire des guerres Barneville (*) que vous aviez voulu inculper dans cette affaire : et voilà pourquoi vous honorez tous les commissaires des guerres de votre haîne. Je pourrais aller plus loin encore, et vous representer escamotant sans cesse les plus beaux emplois de l'état, subtilisant des protections distinguées , et fatiguant vos patrons par vos menées artificieuses, vos sollicitations éternelles , et vos intarissables écritures. Mais je m'arrête ; . . . . Je ne puis cependant vous quitter sans vous donner votre revanche en vers comme en prose ; et puisque votre pégase a voulu me lancer une ruade , je vous porte quelques coups rimés que me fournit le célèbre Despréaux et dont je vous laisse faire l'application à vous-même.

Cependant lorsqu'aux yeux lui portant la lanterne ,
J'examine au grand jour l'esprit qui le gouverne ,

(*) Cet estimable collègue qui me fit lire son mémoire à Briançon , étoit employé à Paris en Germinal dernier. On n'a qu'à le consulter. Il donnera des renseignemens essentiels et piquans sur Foissac-Latour.

Je n'apperçois chez lui que folle ambition,
Lâcheté, soif de l'or, fourbe, corruption,
Que ridicule orgueil de soi-même idolâtre.

Satyr. XI.

.   .   .   .

.   .   .   .

Qu'importe qu'en tous lieux on me traite d'infâme,
Dit ce fourbe avéré sans honneur et sans ame ?
Dans mon coffre tout plein de rares qualités,
J'ai cent mille vertus en louis bien comptés.

Epitr. 5.

Adieu Foissac-Latour. Terminant ici la lutte défensive à laquelle vous m'avez provoqué, je rentre dans ma coquille : rentrez dans votre néant.

LECLERC.

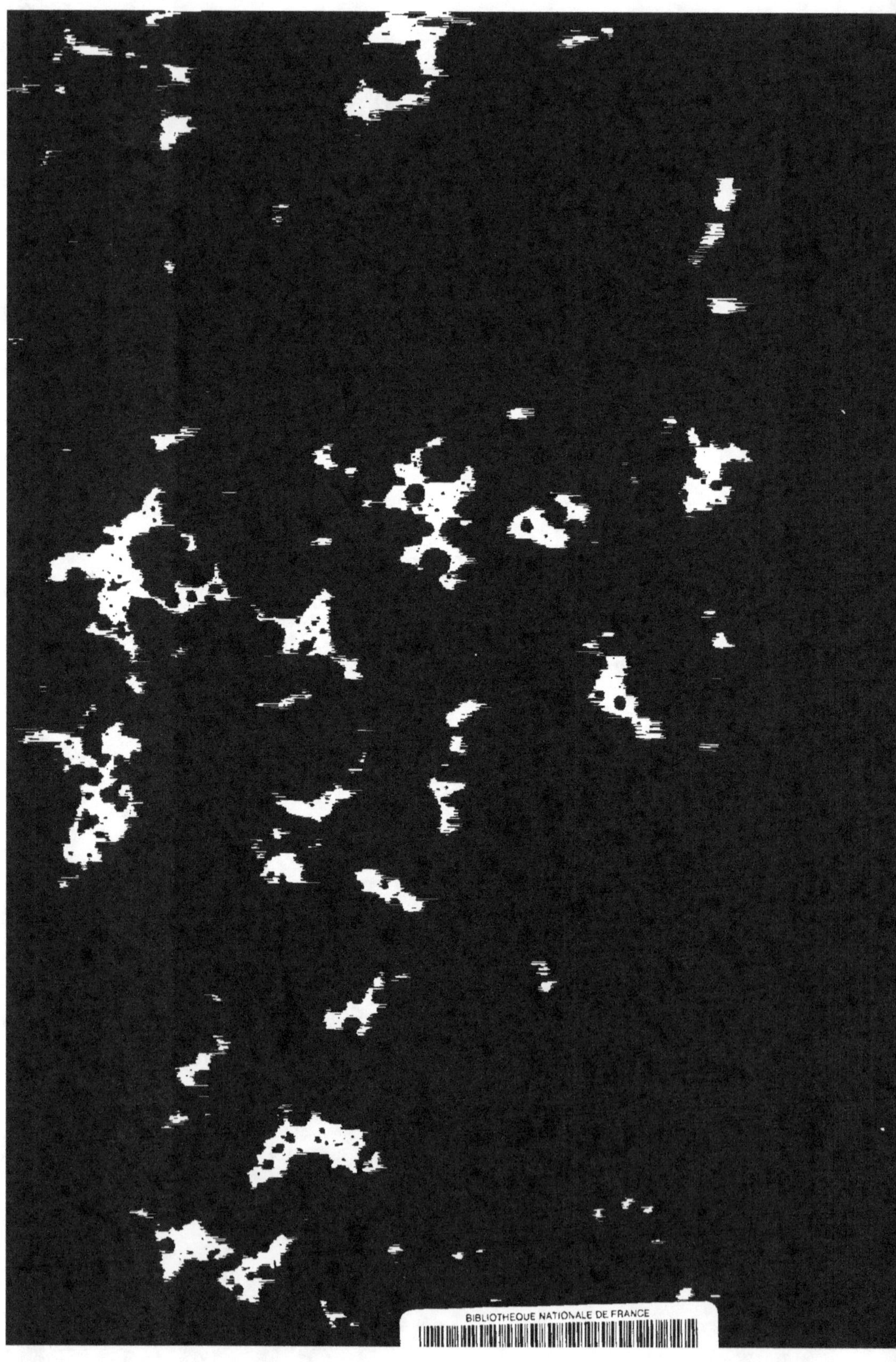